LEUCHTTURM ROTER SAND

LEUCHTTURM
1885–1985

ROTER SAND

WORPSWEDER VERLAG

12
Lars U. Scholl
Vom Weltwunder am Nil zum
„letzten Gruß" in der Deutschen Bucht

14
Gerd Thielecke
Seezeichen im Bereich des Roten Sandes

18
Eberhard Michael Iba
Der Riese Rik und der „Rote" Sand

19
Lars U. Scholl
Deutsche Schiffahrt im Jahre 1885

22
Adolf E. Hofmeister
Bremen und der Bau des Leuchtturms

30
R. Hahn (1885)
Der Leuchtturm auf dem Roten Sande
an der Wesermündung

38
Otto Offergeld (1887)
Über den Bau des Leuchtturms
in der Nordsee

58
Dokumente zur Planung und zum Bau

72
Dirk J. Peters
Der Planer und der Bauleiter

74
Horst A. Wessel
Erste Kabelverbindungen mit dem
Leuchtturm Roter Sand

78
Gerd Thielecke/Gert Pohl
Die Lichtquelle,
Nachrichtenverbindungen

82
F. Rudeloff (1935)
50 Jahre Leuchtturm Roter Sand

85
Briefe eines Leuchtturmwärters
(1886–1888)

90
Siegfried Stölting
Leben an Bord

112
Boye Meyer-Friese
Der Leuchtturm in der Malerei

118
Siegfried Stölting
Kulturelle Wirkung eines
technischen Denkmals

130
Dirk J. Peters
Ein Kulturdenkmal der Technik-
und Schiffahrtsgeschichte

134
Wolfgang Sikorski
Philatelistisches

136
Der Rote Sand auf Postkarten

140
Wolf Mueller-Reichau
Der Rote Sand auf Medaillen und Münzen

144
Jörn Lange
Der Leuchtturm Roter Sand heute. –
Und morgen?

152
Ulfert Kaltenstein
Der Förderverein
„Rettet den Leuchtturm Roter Sand" e. V.

157
Verzeichnis der Autoren

158
Abbildungsnachweis
und Verzeichnis der Quellen

Vorwort

Einhundert Jahre Leuchtturm Roter Sand – das ist nicht nur ein feiernswerter Geburtstag, sondern es beweist auch mindestens zweierlei: Erstens die Fähigkeit, diese Zeit (physisch) zu überleben, einen Qualitätserweis also. Zweitens die Fähigkeit, in dieser Zeit die eigene Bedeutung zu verändern, sogar zu vergrößern – einen Vitalitätsbeweis.

Worin diese Bedeutung besteht, warum er ein einzigartiges technisches Kulturdenkmal ist, worauf seine Bekanntheit und Popularität beruht, versuchen die Text- und Bildbeiträge dieses Buches zu erklären. Daß die Vielfalt der möglichen Betrachtungsweisen dabei auffällt, gibt eine erste deutliche Antwort. Es macht aber auch klar, daß ein Buch wie das vorliegende sich damit zufriedengeben muß, Beispiele zu zeigen, unvollständig zu sein – und anzuregen. Sie, der Leser, beweisen durch Ihre Lektüre, daß auch Sie eine eigene Beziehung zum Leuchtturm Roter Sand haben. Eine, über die man nachdenken, vielleicht auch schreiben sollte. Möglicherweise gibt es dann einmal eine Fortsetzung, die die fühlbarsten Lücken schließt.

In der Sorge um den weiteren Bestand des Turms, im Kampf für seine Erhaltung drücken sich die Bemühungen aus, unsere kulturelle Umwelt zu erhalten. Die Erfahrungen mit dem Gegensatz von Kultur und Politik zeigen uns, daß diese Bemühungen auf die gleichen Schwierigkeiten stoßen wie der Einsatz für die Erhaltung der natürlichen Umwelt.

Trotz aller Widerstände haben wir Anlaß zur Hoffnung: So viele Menschen wirken für den Bestand des Leuchtturms Roter Sand, so groß und anhaltend ist das öffentliche Interesse, daß der Beginn der Sanierungsmaßnahmen fast nur noch eine Frage der Zeit zu sein scheint. Je nachdrücklicher sich dieses Interesse äußert, desto eher kann begonnen, desto sicherer können fatale Schäden vermieden werden.

Und neben der Beschreibung des „Rote Sand" und seiner Wirkungsgeschichte ist das die zweite Bedeutung dieses Buches: hinzuwirken auf die Erhaltung des Turms. Der Erfolg hängt auch von Ihnen, vom Leser ab. Ihre Rolle dabei bestimmen Sie selbst!

Siegfried Stölting

Das Erscheinen dieses Buches wurde ermöglicht durch die aktive Unterstützung der Bremer Brauerei Beck & Co. Für diesen Beweis kulturellen Engagements dankt ihr der Herausgeber.

Der Leuchtturm von Alexandria auf einer Münze aus der Zeit Kaiser Hadrians (117–138) und die Ruine des Leuchtturms von Dover.

Vom Weltwunder am Nil zum „letzten Gruß" in der Deutschen Bucht

Die Geschichte der Leuchttürme beginnt mit einem furiosen Start. Der erste namentlich bekannte Leuchtturm, auf der Insel Pharos erbaut, die der ägyptischen Stadt Alexandria vorgelagert ist, zählt zu den Sieben Weltwundern der Antike. Auch ein weiteres Bauwerk in der Liste von Bau- und Kunstwerken, die durch Größe und Pracht hervorragten, hat maritimen Bezug. Über der Hafeneinfahrt von Rhodos erhob sich ein 32 m hohes, aus Bronzeplatten geschaffenes Siegesmal, das dem Schutzherrn der Insel, dem Sonnengott Helios geweiht war. Der Koloß von Rhodos, unter dessen gespreizten Beinen die Schiffe in den Hafen einliefen, diente als Leuchtturm. Zwischen 304 und 292 vor Christus schuf ihn der Bildhauer Chares aus Lindos.

Der Leuchtturm von Alexandria hat aber noch eine zweite herausragende Bedeutung. Sein Name ist in die romanischen Sprachen zur Bezeichnung von Leuchttürmen eingegangen, im Französischen als „phare", im Italienischen, Spanischen und Portugiesischen als „faro". Der Inselname ist im Englischen erstmals 1552 als allgemeiner Begriff für Leuchttürme belegt, und in der Folge nannten die Engländer die Wissenschaft von der Errichtung solcher Navigationshilfen „Pharology". In der neuesten Ausgabe des Fremdwörter- und des Rechtschreibduden wird der „Pharus" noch mit dem Vermerk „veraltet" für Leuchtturm geführt.

Der „Vater aller Leuchttürme" stand also im Nildelta!

Antiken Autoren zufolge war der Leuchtturm von Alexandria über 100 m hoch, und sein mit Erdöl gespeistes Leuchtfeuer soll etwa 50 km weit zu sehen gewesen sein. Als Architekt des im 3. Jahrhundert vor Christus aus weißem Marmor auf einem Felsenriff errichteten Leuchtfeuers wird der Grieche Sostratos genannt. 17 Jahre hat er daran gebaut, und erst im 13. Jahrhundert stürzte der Pharos nach einem Erdbeben ein. Reste sollen noch um 1350 zu sehen gewesen sein.

Aus seinen Trümmern errichteten die Türken ein Fort, das 1882 von den Engländern zusammengeschossen wurde. Eine Münze des römischen Kaisers Hadrian (117 – 138) zeigt das ungefähre Aussehen des „Pharos". Er ähnelt dem bis in die Antike zurückreichenden Leuchtturm von La Coruña an der spanischen Nordwestküste.

Nach der griechischen Überlieferung bot bereits im siebten vorchristlichen Jahrhundert ein Leuchtturm am Südende der Dardanellen in der antiken Stadt Sigeion, nahe Troja, den Seeleuten Orientierung.

Römische Ingenieure bauten Türme in La Coruña, Ravenna, Pozzuoli, Messina und in Ostia sowie in Boulogne und Dover, die zu den ersten westeuropäischen Leuchttürmen gehören. Nach dem Untergang des römischen Imperiums verfielen sie wieder. 811 ließ Karl der Große den Turm von Boulogne erneut herrichten und ordnete die regelmäßige Unterhaltung des Feuers an. Auch das Leuchtfeuer in Dover scheint noch in angelsächsischer Zeit in Betrieb gewesen zu sein. Danach werden die Nachrichten über Leuchttürme an der englischen und französischen Kanalküste spärlich. Befeuerte Seezeichen in den flandrischen Häfen Briel und Heyst sind aus dem ausgehenden 13. Jahrhundert überliefert. Der erste Hinweis auf ein Leuchtfeuer an der deutschen Ostseeküste bei Travemünde findet sich im Lübecker Kämmereibuch von 1316.

Nach anderen Quellen soll bereits 1226 ein Holzfeuer oder eine Kerzenlaterne errichtet worden sein. Weitere Kerzenlaternen baute Stralsund bei Hiddensee (1306), Rostock bei Warnemünde (1348), Danzig auf Hela und in der Weichselmündung (1482) sowie Pillau (1526). An der Nordseeküste herrschte der Typ der steinernen oder hölzernen Baken vor, die ein offenes Holz- oder Steinkohlenfeuer trugen. Diese sogenannten Blüsen wurden auf Wangerooge (1624), Helgoland (1630) und Neuwerk (1644) errichtet. Seit 1979 steht ein originalgetreuer Nachbau der von Hamburg erbauten Blüse von Neuwerk vor dem Deutschen Schiffahrtsmuseum in Bremerhaven.

Eine neue Ära im nord- und westeuropäischen Leuchtturmbau bricht im 17. und 18. Jahrhundert an. Bei Tynemouth (1608), auf der Isle of May (1636), bei St. Agnes

(1680), bei St. Bees (1718) und auf der Halbinsel Lizard (1715) wurden nun Stationen errichtet, die jedoch von dem Tour de Cordouan (1611) an der Garonnemündung und von dem von John Smeaton 1756 vor Plymouth erbauten Eddystone Lighthouse an Bedeutung übertroffen wurden. Um Schottland mit seinen gefährlichen Gewässern existierten 1756 nur drei Leuchttürme, die alle aus der Zeit nach 1700 stammten, als der Handel mit Nordamerika in seinen ersten Anfängen stand. Gegen Ende des Jahrhunderts begann die Familie der Stevensons mit dem Bau von Leuchttürmen. In fünf Generationen haben sie allein in Schottland 96 davon errichtet. Die bekanntesten waren das Bell Rock- und das Skerryvore Lighthouse. Viele Aufträge in Indien, Indonesien, Japan, Neuseeland und Nordamerika schlossen sich an. Ein Stevenson hat sich übrigens nicht für den Leuchtturmbau interessiert. Robert Louis Stevenson schrieb lieber den Seemannsroman „Die Schatzinsel", ein Buch, das vor allem als Kinderbuch sehr populär wurde. Mit dem enormen Zuwachs des Schiffsverkehrs im 18. und 19. Jahrhundert nahm der Bedarf an richtungsweisenden Zeichen auf allen Meeren zu. So wuchs die Zahl der Leuchttürme auch an den deutschen Küsten der Nord- und Ostsee. Große Schwierigkeiten bereitete der Bau schwerer Türme auf weichem und sandigem Untergrund. So neigte sich z. B. der zwischen 1174 und 1273 erbaute Turm des Doms von Pisa bereits während der Erbauung. Manche Häuser in Bremerhaven geben ebenso ein beredtes Zeugnis für die Probleme mit zu weichem Boden. Aber auch wasserumspülte Felsen waren beileibe nicht einfach zu bebauen. Man wurde jedoch im Laufe der Zeit mutiger, rückte die Zeichen vom Festland weg weiter ins Meer hinaus und schuf mit den leuchtfeuerspendenden Türmen mehr Sicherheit auf den Schiffahrtswegen. Neben Holz war Stein das natürliche Baumaterial für die Wasserbauingenieure. Aber auch Steine sind der Verwitterung ausgesetzt. Wasser höhlt die Fugen aus, Stürme verursachen Schwingungen, so daß Risse im Mauerwerk auftreten können. Zwar hat man noch nach der Mitte des 19. Jahrhunderts weitere Leuchttürme aus Backstein gebaut, so in Swinemünde (1857/59), auf Norderney (1874), in Funkenhagen (1876/77) und auf Borkum (1879), doch neue Baumaterialien, die in anderen Bereichen in der Erprobung standen, begannen für den Leuchtturmbau interessant zu werden.

In der zweiten Hälfte des 19. Jahrhunderts setzte sich der Bau von eisernen Schiffen immer mehr durch. Die ersten eisernen Brückenkonstruktionen hatten sich bewährt, und eiserne Schienen waren bereits eine Alltagserscheinung. So experimentierte man auch im Leuchtturmbau mit dem neuen Werkstoff Eisen. Die relativ kleinen gußeisernen Leuchttürme Neufahrwasser bei Danzig (1842/43), List-Ost und List-West (beide 1852) auf der Insel Sylt existieren heute noch.

1881 machte sich das „Tonnen- und Bakenamt zu Bremen" daran, im tiefen Wasser der Wesermündung einen eisernen Leuchtturm zu bauen, den Leuchtturm Roter Sand, den „letzten Gruß" in der Deutschen Bucht, der für den deutschsprachigen Raum zum Symbol für die Spezies Leuchtturm schlechthin geworden ist. Diesem Pionierbau verdanken Bremen und Bremerhaven im Zeitalter der Dampfschiffahrt die Stärkung ihrer Stellung als Überseehäfen.

Lars U. Scholl

Feuerblüse auf Neuwerk, Kupferstich von 1791 und Leuchtturm Roter Sand.

Die „Bremer Bake" (hier ein Ausschnitt aus einem Gemälde, das in der Eingangshalle des Bremer Schüttings hängt) bot den Schiffen seit 1783 Orientierungshilfe. 1856 wurde sie durch den Leuchtturm Hoheweg ersetzt.

Seezeichen im Bereich des Roten Sandes

Ausgedehnte, ständig überflutete Sände wie der Rote Sand oder die Nordergründe wandern seit jeher durch die Mündung der Weser. Sie erschweren vor allem bei heftigen Stürmen, wenn schwere Grundseen über die Sände hinweggehen, die Einfahrt der Schiffahrt in die Weser. Ohne eine gute Bezeichnung kann dieses Fahrwasser nicht sicher befahren werden.

Bremen hatte sich stets um die Sicherheit der Schiffahrt in der Wesermündung bemüht. Es schloß bereits am 16. Juni 1410 mit den Häuptlingen von Rüstringen einen Vertrag, der ihm erlaubte, „op de mellum un den roden sande kennynge to setten un tonnen to leggen". Dieses Recht wurde Bremen am 20. Juli 1541 als Dank für die großzügige finanzielle Unterstützung in den Türkenkriegen durch Kaiser Karl V. verbrieft. Seitdem durfte Bremen bis 1921, bis zur Übergabe dieser Aufgaben an das Reich, die Weser schiffahrtsgerecht bezeichnen und für die hierdurch entstehenden Kosten Abgaben erheben. Seekarten zeigen schon 1634 eine durchgehende Betonnung im Bereich des Roten Grundes. Die erste gedruckte Segelanweisung Bremens meldete 1642 mit den Worten: „Wy de Verordnete sampt Olderlühde eines Ehrsamen Kopmanns de Stadt Bremen dohn allen Schippern un Seefahrenden Personen vermiddelst dieses kundt un to weeten...", die Verlegung von Tonnen beim Roten Sande in eine neue Westerweser. Insgesamt bezeichneten zu jener Zeit 93 Tonnen die Weserzufahrt.

Mitte des 19. Jahrhunderts hatte die Verkehrsbedeutung der Weser beträchtlich zugenommen. Das 1827 gegründete Bremerhaven gewann, da Bremen vorübergehend nicht mehr von seegehenden Schiffen angelaufen werden konnte, ständig an Bedeutung. Es war zu einem der bedeutenden Auswandererhäfen Europas gewachsen; nahezu 80 000 Auswanderer verließen 1854 ihre Heimat über diesen schon damals modern ausgestatteten Hafen an der Wesermündung.

Allerdings gab es noch keine ortsfesten Leuchtfeuer in der Weser. Wenige hölzerne unbefeuerte Baken, wie die Bremer Bake auf dem Hohen Weg, gaben zusammen mit den noch unbefeuerten Tonnen der Schiffahrt nur tags Orientierungshilfe. Auch durch die 1818 vor Wangerooge und 1840 bei der Bremer Bake ausgelegten Leuchtschiffe konnte die einsegelnde Schiffahrt bei Dunkelheit nur unter günstigen Umständen bis zum Hohen Weg gelangen.

Die 1840 auf der Außenweser beginnende Dampfschiffahrt änderte jedoch die Anforderungen an eine sichere Hafenzufahrt grundlegend. Die für die Segelschiffahrt erforderliche Untiefenbezeichnung am Rande breiter Wasserflächen verlor an Bedeutung. Da die vom Tiefgang zumeist größeren Dampfschiffe unabhängig vom Wind kursgerecht fahren konnten, war nunmehr eine torfeuerähnliche Fahrwasserbetonnung sowie eine Fahrwasserbezeichnung durch ortsfeste Schiffahrtszeichen gefragt. Schiffahrtskreise forderten daher an der Außenweser feste Leuchtfeuer, die ständig – auch bei Dunkelheit und stürmischem Wetter – den sicheren Weg weisen konnten. Zunächst errichtete Bremen 1856 durch J. J. van Ronzelen einen Leuchtturm auf dem Hohen Weg, der nicht nur die Bremer Bake ersetzte, sondern auch das dort liegende Leuchtschiff ablöste.

Im Jahre 1876 gründeten die Weseranrainer Bremen, Preußen und Oldenburg das „Tonnen- und Bakenamt zu Bremen". Es sollte vor allem die wachsenden Verkehrsaufgaben auf dem Strom koordinieren und die zur Bezeichnung des Fahrwassers von Bremen bis zur See erforderlichen schwimmenden und festen Seezeichen bauen, betreiben und unterhalten.

Um die Verkehrsbedingungen im Mündungsbereich weiter zu verbessern, regte 1878 der preußische Handelsminister an, im Bereich des Roten Sandes, etwa 47 km unterhalb von Bremerhaven, ein weiteres Feuerschiff zu stationieren.

Das Tonnen- und Bakenamt konnte jedoch nachweisen, daß dort in der Wesermündung ein fester Leuchtturm wirtschaftlicher war als ein mit großer Besatzung ausgestattetes Feuerschiff, da vor allem die Betriebs- und Unterhaltungskosten erheblich niedriger zu veranschlagen waren. Im Gegensatz zu festen Leuchtfeuern können außerdem sowohl Tonnen als auch Feuerschiffe bei Eis oder Sturm vertreiben und damit die Schiffahrt gefährden. Nautische Gründe gaben für die Entscheidung zugunsten des festen Leuchtfeuers keinen Ausschlag.

Zur Planung dieses Leuchtturms erhielt am 23. August 1878 Baurat Hanckes, Leiter der Hafendirektion zu Bremerhaven, den Auftrag. Er wählte im Interesse der Schiffahrt eine Position an der Westkante des Roten Sandes, auf der das Bauwerk Stürmen und Seegang erheblich ausgesetzt ist. Das Leuchtfeuer sollte die Zufahrt in die Weser von dem rd. 10 Seemeilen unterhalb liegenden Weserfeuerschiff her durch einen Leitsektor bezeichnen; stromauf wirkte es als Gegenleitfeuer zum Leuchtturm Hoheweg.

In dieser Zeit arbeitete bereits der ein Jahr zuvor in Bremens Dienste getretene Ludwig Franzius an einem Plan zur Korrektion der Unterweser, der das 5 m tiefgehende Schiff bis Bremen bringen sollte. Er gab zur Planung des Leuchtturms auf dem Roten Sand manch wertvolle Anregung, vor allem zur Lage, Höhe und Gründungstiefe des Bauwerkes.
Gerd Thielecke

Willem Gruyters Gemälde zeigt die Geesteeinfahrt mit dem Leuchtturm auf der Mole im Jahr 1870. Rechts liegt das Fort Wilhelm und dahinter der Alte Hafen – der heutige Standort des Deutschen Schiffahrtsmuseums.

Die Außenweser-Darstellung aus der Zeit um die Jahrhundertwende zeigt uns die Art der Fahrwasserkennzeichnung und das Aussehen der einzelnen Seezeichen.

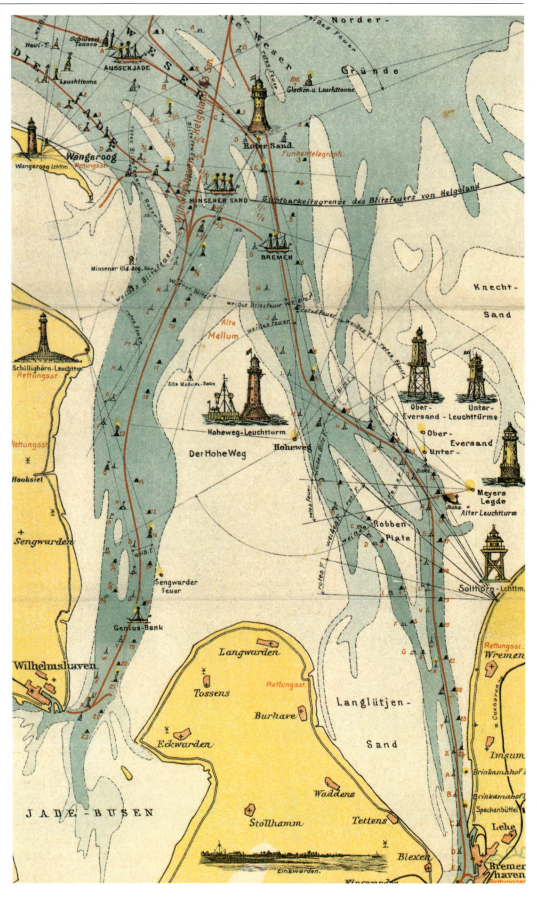

Seekarten im Vergleich

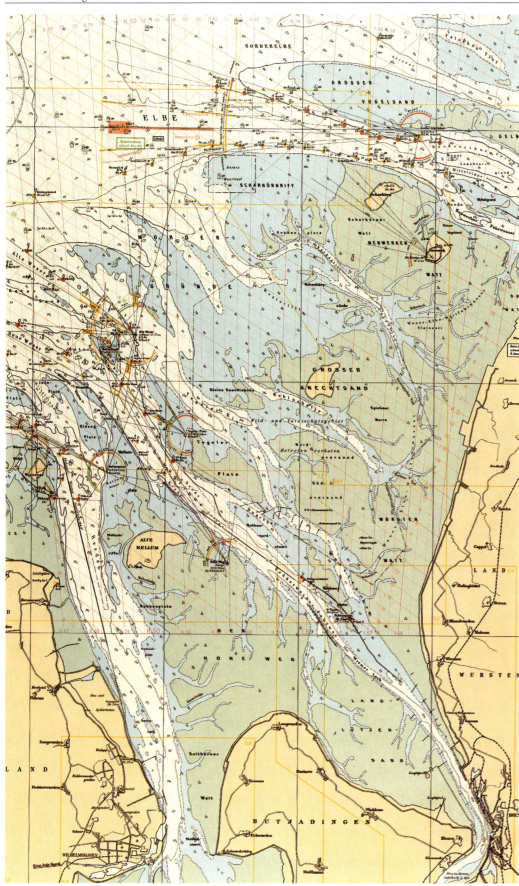

Auf der Seekarte von 1972 ist die Ausdehnung der Watten im Bereich der Außenweser und Außenjade zu erkennen, die Schwierigkeiten der Navigation in den Tidengewässern werden verständlich. Im Vergleich mit der nebenstehenden Karte zeigen sich die Veränderungen in der Seezeichenausstattung.

Aus:
Eberhard Michael Iba:
Der Klabautermann
und andere Sagen und
Geschichten in
und um Bremerhaven.
Schriftenreihe:
Aus der Schatzkammer
der Deutschen Märchenstraße.
Bremerhaven 1984.

Der Riese Rik und der „Rote" Sand

Vor langer, langer Zeit lebte an der Unterweser ein gefräßiger Riese mit Namen Rik. Mit einem großen Netz bewaffnet, stieg er in die verschiedenen Wasserarme der Weser hinein und fischte Lachse und Störe, die er an der Sonne trocknete, um Vorrat für den Winter zu haben. Er fing auch Seehunde, die in Scharen auf den Sänden lagen, und sammelte während der Brutzeit der Seevögel ihre frischgelegten Eier.

Der Sage nach soll seine aus Findlingen erbaute Burg entweder an der Reede von Bremerhaven, unweit der Geestemündung, oder aber beim ehemaligen Fort Brinkamahof II mitten im Weserstrom gelegen haben. Dort mußten die Fischerboote aus dem Binnenland, die um Helgoland herum fischen wollten, vorbeifahren.

Bei den Riesen hat man von jeher neben einem Hang zur Grausamkeit auch Gutmütigkeit gefunden. Gutmütig war Rik, denn er wollte sich nur seinen Wanst vollschlagen, und so hatte er mit den Fischern folgende Abmachung getroffen: Bei der Ausfahrt in die Nordsee mußte ihm jedes Schiff eine Wurst oder ein Stück Fleisch abliefern, während er sich auf der Rückfahrt mit einer Portion Seefische begnügte, die jeweils nach dem Fangergebnis bemessen wurde.

Eines Tages fiel dem Riesen auf, daß die Weser mehr Wasser als sonst führte, doch maß er diesem Umstand wenig Bedeutung bei. Es war Frühjahr, und die Sonne brachte die Schneemengen des Winters zum Schmelzen. Das Wetter wurde zusehends unruhiger, und große Eisschollen strömten an seiner Burg vorbei. In einer Nacht, als Rik, der Riese, fest schlief, wälzten sich plötzlich mächtige Wassermassen heran – die Weser hatte bei der heutigen Porta Westfalica das Wiehengebirge durchbrochen. Ein Südoststurm trieb das gewaltige Weserwasser auf die Burg zu, und als der Riese erwachte, war es zum Flüchten zu spät. Seine Burg hielt den anstürmenden Eisschollen nicht stand, und so verzweifelt auch Rik seinen mächtigen Körper gegen die tobenden Fluten stemmte, er mußte unterliegen. Eine scharfe Eisscholle riß den Leib des Stürzenden auf, und das Blut des Riesen ergoß sich in breitem Strome weserabwärts.

Eine unter Wasser liegende Sandbank, die später die Bezeichnung „Roter Sand" erhielt, wurde von dem Blute des Riesen rot gefärbt. Auf diesem Sande errichtete man in den achtziger Jahren des vorigen Jahrhunderts den Leuchtturm Roter Sand.

Deutsche Schiffahrt im Jahre 1885

Das Jahr 1885 war ein Wendepunkt in der deutschen Seeschiffahrt nach Übersee. Nach anfänglichem Zögern war das Deutsche Reich in die Reihe der Kolonialmächte eingetreten und hatte sich in den Wettkampf um die Aufteilung der Welt eingeschaltet. Der aufstrebende Industriestaat wandte sich in zunehmendem Maße von dem kontinental geprägten politischen Denken ab und strebte aus wirtschaftlichen und militärischen Überlegungen eine ebenbürtige Stellung im Kreise der europäischen Großmächte an. Vor allem der afrikanische und ostasiatische Großraum rückte aus wirtschafts- und machtpolitischen Gründen in den Vordergrund und veranlaßte den Reichstag 1882, mit der Hamburger Reederei C. Woermann einen Postvertrag über die Westafrikafahrt abzuschließen und 1885 die Einrichtung regelmäßiger Reichspostdampferlinien nach Ostasien und Australien durch den Norddeutschen Lloyd jährlich mit maximal 4 Millionen Reichsmark zu subventionieren. Der NDL verpflichtete sich, je 13 Fahrten pro Jahr von Bremerhaven nach China und Japan sowie nach Australien und den Tonga- und Samoa-Inseln zu betreiben. Neben postalischen und handelspolitischen Erwägungen (die Post und die Ein- und Ausfuhrgüter sollten auf deutschen Schiffen befördert werden) wurde der Vorteil für die Kaiserliche Marine betont. Denn außer dem Frachtgeschäft konnte die Versorgung der ostasiatischen Marinestationen mit Personal-, Material- und sonstigen Militärtransporten übernommen werden. Auf dem Nordatlantik waren der NDL und die Hamburg-Amerika Linie intensiv im Auswanderergeschäft tätig. Zwar war ein Höhepunkt der Auswanderung nach Verabschiedung der Sozialistengesetze überschritten, doch verließen rund 82000 Auswanderer Bremerhaven auf den Schiffen des NDL, während die Hapag von Hamburg etwa 42000 nach Amerika beförderte. Der Anteil der indirekten Auswanderung von Hamburg über England auf englischen Schiffen lag etwas darunter. Die überwiegende Zahl der Passagiere reiste im Zwischendeck. Der Preis für die Überfahrt war auf 100 Mark festgesetzt, die Carr-Linie nahm nur 90 Mark.

Es waren Bremer und Hamburger Reedereien, die die deutsche Handelsschiffahrt nach Übersee dominierten. 1885 hatte sich das Schwergewicht der Flotte eindeutig von der Ostsee an die Nordsee verlagert. Die Zahl der Dampfer mit wachsender Tonnage verdrängte immer mehr die Segelschiffe.

In Bremen war man bemüht, dem wachsenden Handel und der zunehmenden Schiffsgröße durch wasserbauliche Maßnahmen gerecht zu werden. Am 19. März 1885 erfolgte der erste Spatenstich zum Bau des Freihafens I, des heutigen Europahafens. Bremen sollte wieder einen eigenen Seehafen erhalten, nachdem es durch die Weserversandung seit mehr als einem Jahrhundert vom Meere abgeschnitten war. Zur gleichen Zeit wurde im Reichstag das Gesetz über den Zollanschluß an das Deutsche Reich verabschiedet, das Bremens Stellung als zollpolitisches Ausland beendete, ihm aber wie Hamburg einen Freihafen für die Exportindustrie sicherte. Ludwig Franzius beschäftigte sich intensiv mit dem Projekt der Unterweserkorrektion, die zwischen 1887 und 1895 durchgeführt wurde und Schiffe mit 5 m Tiefgang die Hansestadt erreichen ließ. Der Güterumschlag in Bremerhaven ging daraufhin erheblich zurück, was dort einen Anstieg der Arbeitslosigkeit zur Folge hatte. Neue Impulse für die Schiffahrt gingen von zwei Bremerhavener Unternehmern aus. Am 7. Februar 1885 konnte die vom Reeder Friedrich Busse auf der F. W. Wencke Werft nach englischem Vorbild gebaute „Sagitta" als erster deutscher Fischdampfer von der Geeste zu ihrer ersten Fangreise auslaufen. Diese Pioniertat brachte zunächst nur Verluste. Bei 55 Reisen im ersten Jahr hatte Busse 15000 Mark zugesetzt. Doch bald konnten mit neuen Fangmethoden gewinnbringende Resultate erzielt werden. 1901 wurde die „Sagitta" zuletzt bei Island gesichtet und ist seitdem verschollen. Mittlerweile hatten sich die Fischdampfer jedoch durchgesetzt. 1892 liefen von Bremerhaven 20 und von Geestemünde 17 Fischdampfer auf Fangreisen aus.

Nordsee 1885
Segler: 2238,
Tonnage: 564837;
Dampfer: 329,
Tonnage: 295283;
Gesamt: 2567,
Tonnage: 860120.

Ostsee 1885
Segler: 1369,
Tonnage: 315508;
Dampfer: 321,
Tonnage: 118660;
Gesamt: 1610,
Tonnage: 421366.

Reichspostdampfer „Habsburg", erbaut 1876 in Hull, gestrandet 1899. Nach einem Gemälde von C. Fedeler lithographiert von W. Stegner.

Nicht minder bahnbrechend war der von Wilhelm Anton Riedemann bei der Tecklenborg-Werft veranlaßte Umbau des Vollschiffes „Andromeda" zu einem Tankschiff. Anstatt das Petroleum in einzelnen Holzfässern zu transportieren, ließ Riedemann in jedes der drei Decks der „Andromeda" 24 eiserne Tanks einbauen, die zum Füllen und Leeren mit Rohrleitungen untereinander verbunden waren. Vor dem Umbau faßte die „Andromeda" etwa 12 000 Barrel Petroleum, nach dem Umbau waren es 17 000 Barrel. In nur sechs Stunden konnten 5000 Barrel eingepumpt werden. Die Bulk-Verschiffung von Petroleum war so erfolgreich, daß Riedemann bereits im November 1885 in Newcastle den Tankdampfer „Glückauf" auf Kiel legen ließ. Damit begann ein neues Kapitel der Handelsschiffahrt, die Tankschiffahrt.

Zwischen 1885 und 1889 wurden 145 Tankdampfer in der Welt gebaut. 1893 wurden über 90 % des Rohöls und des Petroleums in Tankdampfern aus den USA eingeführt. Für Geestemünde sollte sich der 1872 genehmigte Bau des Petroleumhafens nicht mehr lange auszahlen. Zwar wurden 1889 über 768 000 Barrels angelandet. Doch Riedemann verlegte 1891 seinen Wohnsitz nach Hamburg und leitete damit den Niedergang Geestemündes als Petroleumhafen ein. 1907 wurden nur noch 29 to Petroleum in Geestemünde gelöscht.

Lars U. Scholl

Die „Andromeda" wurde 1864 in Liverpool gebaut und 1885 zum Tanksegler umgerüstet. Die Häufung schiffahrtsgeschichtlich bedeutsamer Daten gegen Ende des 19. Jahrhunderts (Gründung der Seeberufsgenossenschaft, der organisierten Seenotrettung, der Schiffsklassifikations-Gesellschaften) ist eine Folge der Ausweitung des Schiffsverkehrs in der Industrialisierung.

Bremerhaven war der größte Auswanderungshafen Europas. Mehrere Millionen verließen die Alte Welt über die bremischen Unterweserhäfen, bis in die 60er Jahre des 20. Jahrhunderts. Für sie alle war der Leuchtturm Roter Sand das letzte Gebäude des Heimatkontinents.

„Der letzte Morgen im deutschen Hafen", Auswanderer auf einem Holzstich von 1866 nach einer Zeichnung von R. Geißler.

Die Schlüsseltonne um 1790, nach einem Ölgemälde im Schütting (Ausschnitt).

Entwicklung des bremischen Tonnen- und Bakenwesens

Der Leuchtturm Roter Sand, „Bremens Wahrzeichen vor der Wesermündung" (Bremer Nachrichten vom 23.10.1935), ist mit der bremischen Geschichte eng verbunden. Sein Bau bildete einen Höhepunkt in der jahrhundertealten Sorge der Stadt für die Seezeichen der Unter- und Außenweser.

Die Aufrechterhaltung der Schiffahrt, Bremens Lebensnerv, erforderte das Kennzeichnen des Fahrwassers von der Nordsee bis nach Bremen; schon im Mittelalter hat die Stadt das als ihre selbstverständliche Pflicht angesehen. 1410 ließ sie sich von Rüstringer Häuptlingen bestätigen, daß die Bremer auf der Mellum, dem Roten Sand oder anderswo nach Belieben Seezeichen und Baken setzen oder Tonnen legen dürften. 1426 vereinbarten Rat und Kaufmannschaft die Erhebung eines Tonnengeldes von ausfahrenden Schiffen nach dem Wert der Ladung. Ein Schiffer wurde 1457 vertraglich beauftragt, Tonnen und Baken zu setzen und einzuholen. Später unterhielt die Kaufmannschaft selbst einen „Tonnenbojer", ein Schiff zum Auslegen der Seetonnen, auf dem der „Barsemeister" das Kommando hatte. Auf dem Tonnenhof in Bremen bewahrte und reparierte ein Tonnenmacher die Seezeichen. 1664 wurde die Schlüsseltonne als äußerste Anseglungstonne der Weser ausgelegt. Auf Anregung des Hauses Seefahrt und der Kaufmannschaft rüstete der Senat 1818 das erste Leuchtschiff auf der Weser aus, 1840 kam ein zweites hinzu.

Bei der Umwandlung der Kaufmannschaft (Collegium seniorum) in die Handelskammer 1849 wurde der bremische Staat Eigentümer des Tonnenhofes und der Seezeichen. Aus der vor allem von den bremischen Schiffen erhobenen Seeschiffahrtsabgabe bestritt er die Kosten. 1854 – 1856 ließ Bremen durch Jacob Johann van Ronzelen, den Erbauer von Bremerhaven, an der Außenweser den Hoheweg-Leuchtturm errichten, auch dies seinerzeit eine bedeutende Pionierleistung, nämlich der erste abseits vom Festland im Watt erbaute Leuchtturm an der deutschen Nordseeküste.

Die Eingliederung Bremens in das Deutsche Reich hatte eine organisatorische Änderung des Tonnen- und Bakenwesens zur Folge. Da die Reichsverfassung von 1871 (Artikel 54) die Gleichbehandlung der Handelsschiffe aller deutschen Bundesstaaten verlangte, mußte Bremen sich mit seinen Nachbarn, nämlich Preußen und Oldenburg, wegen der Schiffahrtsabgabe ins Benehmen setzen. Es schloß mit ihnen am 6. März 1876 einen (erst am 30. Mai 1877 ratifizierten) Vertrag, demzufolge Preußen, Oldenburg und Bremen an der Weser gemeinsam ein Feuer- und Bakengeld von allen einlaufenden Schiffen erhoben, aus dessen Ertrag Bremen die Seezeichen zu unterhalten hatte. Der Senat beauftragte mit der Durchführung das Tonnen- und Bakenamt zu Bremen, das sich aus 6 Mitgliedern der Handelskammer und 2 Senatsmitgliedern zusammensetzte. Die Verwaltung der Seezeichen blieb damit bremisch bis zur Errichtung der Strombauverwaltung (seit 1925 Wasserstraßendirektion) des Reiches im Jahre 1921.

Bau des Leuchtturms

Die Idee zu einem Leuchtturm nahe der Einfahrt in die Außenweser entstand, als eine gemeinsame bremisch-preußisch-oldenburgische Kommission 1878 nach einer Besichtigungsreise dem Bremer Senat empfahl, ein drittes Leuchtschiff in der Außenweser anzuschaffen. Das im Jahr zuvor errichtete Tonnen- und Bakenamt, dem der Bürgermeister Otto Gildemeister vorstand, schlug darauf vor, auch den Bau eines Leuchtturms in Erwägung zu ziehen. Am 23. August brachte Gildemeister das „von beachtenswerther Seite empfohlene Project" im Senat ein.

Man geht wohl nicht fehl in der Annahme, daß die Empfehlung zum Leuchtturmbau von dem Hafenbaudirektor in Bremerhaven Carl Friedrich Hanckes, dem Schüler und Nachfolger Jacob Johann van Ronzelens, stammte. Der Senat beauftragte Hanckes mit der Ausarbeitung des Projektes zum Leuchtturmbau, das dieser im April 1879 vorlegte. Hanckes bediente sich bei der Ausarbeitung der Hilfe des Ingenieurs Samuel Ludwig Kunz von der Actien-Gesellschaft für Eisenindustrie und

Brückenbau vorm. J.C. Harkort in Duisburg, kurz Harkort genannt.

Als Standort war zunächst der sogenannte Rote Grund vorgesehen; doch entschied sich das Tonnen- und Bakenamt am Jahresende 1879 auf Anraten des bremischen Oberbaudirektors Ludwig Franzius trotz höherer Kosten für die Errichtung am Rande der Sandbank „Roter Sand" in 8 m tiefem Wasser (bei Niedrigwasser), da der Turm dort von den einkommenden Schiffen direkt angesteuert werden konnte. Als das von Hanckes noch einmal überarbeitete Projekt im wesentlichen die Zustimmung des zum Gutachter bestellten Franzius fand, entschloß sich der Senat im Juni 1880 zum Leuchtturmbau und erhielt dazu die Zustimmung von Oldenburg und Preußen.

Das Projekt war stark zugeschnitten auf die technischen Möglichkeiten der Firma Harkort. Doch erwuchs dieser unversehens ein Konkurrent, als sich ihr Ingenieur Kunz selbständig machte und Anfang 1879 mit Hilfe weiterer Ingenieure eine eigene Firma in Bremen gründete. Die Firma Bavier, Kunz & Weiß erhielt trotz ihrer dünnen Kapitaldecke den Zuschlag, da sie mit 455 000 Mark das Angebot von Harkort deutlich unterbot. Nach dem Vertragsschluß am 12. November 1880 begann sie mit dem Bau. Weil die Zahlungstermine an den Stand der Bauarbeiten geknüpft waren, entwickelten sich diese bei besonders ungünstigen Witterungsverhältnissen immer mehr zu einem Wettlauf mit der Zeit zum Nachteil der Sicherheit des Baukörpers. Bei einer Sturmflut am 13. Oktober 1881 scheiterte der erste Versuch zur Aufstellung des Sockels; die Baufirma war zahlungsunfähig.

Trotz dieses Fehlschlages hielt das Tonnen- und Bakenamt an dem Projekt fest. Am 21. September 1882 nahm der Senat das Angebot der Firma Harkort an, die nunmehr 853 000 Mark für den Bau verlangte. Bei den Bauarbeiten, zu denen die Firma wieder den Ingenieur Kunz einsetzte, konnte sie sich nun Zeit lassen. Das massive Turmunterteil wurde im August 1884 vollendet, das Oberteil im Spätsommer 1885. Am 23. Oktober 1885 erfolgte die Bauabnahme, am 1. November 1885 nahmen die Leuchtturmwärter das Feuer in Betrieb, zugleich wurde der Telegraphendienst aufgenommen.

Die Kosten des Leuchtturms wurden 1880 auf 485 000 Mark veranschlagt. Man rechnete sich aus, daß man wegen der wesentlich geringeren Unterhaltungskosten dabei auf die Dauer billiger wegkommen würde als bei einem Leuchtschiff. Nach dem Scheitern des ersten Versuchs, der für das Tonnen- und Bakenamt einen Verlust von 90 000 Mark bedeutete, war der nur leicht veränderte Bau erst für die erwähnten 853 000 Mark (ohne Nebenkosten) zu haben. Nun konnte von einem finanziellen Vorteil des Leuchtturmbaus keine Rede mehr sein. Nur die sachlichen Vorzüge zählten jetzt; vor allem wurde hervorgehoben, daß ein Leuchtturm seine Funktion bei ungünstiger Witterung, insbesondere bei Eisgang, nicht einzustellen brauchte.

Die Entscheidung wäre ohne eine gesicherte Finanzierung nicht so leicht gefallen. Das seit 1877 erhobene „Feuer- und Bakengeld" war reichlich bemessen und stieg obendrein ständig, da sich seine Höhe nach dem Schiffsraum richtete, der sich in diesen Jahren rasch vergrößerte. Dadurch konnten Rücklagen gebildet werden, mit denen genügend Geld für neue Bauvorhaben vorhanden war. Bremen oder die anderen beteiligten Staaten brauchten keinen Zuschuß zu leisten. Die Zustimmung von Oldenburg und Preußen erhielt Bremen daher auch ohne Komplikationen. Je länger sich die Vollendung des Baus verzögerte, um so leichter fiel die Finanzierung aus der Kasse des Tonnen- und Bakenamtes. Kaum war der Bau vollendet, der schließlich (ohne den ersten Bauversuch) etwa 913 000 Mark kostete, da konnte man sich unverzüglich einem neuen Vorhaben, dem Bau von drei kleineren Leuchttürmen auf Eversand und Meyers Legde am Wurster Fahrwasser, zuwenden.

Im Staatsarchiv Bremen befinden sich zwei reichhaltige Aktenbände aus der Senatsregistratur zu Planung und Bau des Leuchtturms in den Jahren 1878 – 1885 (Signatur: 3-T.1. Nr. 42), auf die sich die Darstellung der Erbauung des Leuchtturms hauptsächlich stützt. Ferner sind vor allem Rechnungsbücher (Staatsarchiv Bremen, 2-R.2.C.3.c.2.a. und 2-R.2.C.3.c.3.) und Protokolle (2-R.2.C.3.d.) des Tonnen- und Bakenamtes herangezogen. Aus der Literatur seien hervorgehoben: Ludwig Plate, 50 Jahre Leuchtturm Roter Sand, in: Die Weser 14, 1935, S. 161 – 166, und 15, 1936, S. 3 – 5; Karl H. Schwebel, Tonnen und Baken, in: De Koopman tho Bremen, 1951, S. 40 – 43; Herbert Schwarzwälder, Geschichte der Freien Hansestadt Bremen, Bd. 2, 1976, S. 331 ff.

Ludwig Franzius (1832 – 1903), von 1875 bis zu seinem Tode Oberbaudirektor in Bremen.

Strom- und Hafenbau in den Gründerjahren

Der Leuchtturm Roter Sand entstand in einer Zeit, in der Bremen ganz besondere Anstrengungen zur Verbesserung der Schiffahrtseinrichtungen unternahm. In der Zeit nach der Reichsgründung expandierten trotz Krisen Wirtschaft und Außenhandel. Mit dem zunehmenden Seeverkehr wuchs die Flotte und wuchsen insbesondere die Schiffsgrößen. Der Norddeutsche Lloyd setzte 1881 seinen ersten transatlantischen Schnelldampfer, die „Elbe" ein, dem rasch weitere folgten. 1881 ist auch das Gründungsjahr der zweiten großen bremischen Reederei, der Deutschen Dampfschiffahrts-Gesellschaft „Hansa".
Bremen suchte in diesem Wachstum seine Stellung als Seehandelsplatz zu behaupten und zu verbessern. Die Stadt Bremen konnte zu dieser Zeit von großen Seeschiffen nicht erreicht werden, Bremerhaven und Geestemünde waren die Überseehäfen an der Weser. In den Jahren 1872 – 1876 wurde in Bremerhaven der Kaiserhafen (I) unter Leitung von Carl Friedrich Hanckes gebaut. 10 Jahre später war auch dieser Hafen bereits zu klein. Der Norddeutsche Lloyd wich 1890 zur Abfertigung seiner Schnelldampfer nach Nordenham aus, bis 1892 – 1899 die neuen Hafenanlagen in Bremerhaven (heute Kaiserschleuse und Bereich des Wendeplatzes vor den Kaiserhäfen) fertiggestellt waren.
In der Zwischenzeit packte Bremen das kostspielige Projekt der Unterweserkorrektion an. Konnten bis 1875 nur Schiffe mit bis zu 2 m Tiefgang die Stadt erreichen, so legte der 1875 nach Bremen berufene Ludwig Franzius 1881 den Plan für eine Vertiefung vor, die es Seeschiffen mit bis zu 5 m Tiefgang erlauben sollte, bis nach Bremen zu fahren. Unter bedeutenden eigenen Kosten begann die Hansestadt 1883 in der „Langen Bucht" mit einem Teilabschnitt, 1887 dann mit der Verwirklichung des Gesamtprojektes, die der Stadt schließlich den Anschluß an den Seeverkehr brachte. Unter dem Druck des Zollanschlusses an das Reich, der im Jahre 1888 vollzogen wurde, entstand 1885 – 1888 der Freihafen (heute Europahafen) in Bremen, ebenfalls unter Franzius' Leitung.
Gegenüber den gewaltigen Unternehmungen des Hafen- und Strombaus dieser Zeit wirkt der Leuchtturmbau vergleichsweise bescheiden. Er entstand nicht wie diese in Bremens eigener Regie und auch nicht unmittelbar auf bremische Kosten. Dennoch gehört er in den Zusammenhang mit den damals besonders großen Anstrengungen Bremens um die Schiffahrt auf der Weser. Wie Hafenbau und Weserkorrektion diente er der Verbesserung der Schiffahrtseinrichtungen. Innerhalb der bremischen wie der deutschen Geschichte kann er als ein markantes Denkmal für die Bereitschaft zum Risiko auf neuen technischen Wegen in der Gründerzeit gelten.

Adolf E. Hofmeister

Die „Elbe" (4811 BRT), der erste Schnelldampfer des Norddeutschen Lloyd.

Die Verwirklichung des Projektes der Unterweserkorrektion von Ludwig Franzius in den Jahren 1887 – 1895 öffnete der Seeschiffahrt den Weg von Bremerhaven nach Bremen. Zur Ausbaggerung und Begradigung der Unterweser wurden acht Eimerkettenbagger eingesetzt, hier der Bagger A I im Betrieb. Seit 1891 wurde mit ihnen auch die Außenweser vertieft.

Durch den Bau eines Freihafens (des heutigen Europahafens) in den Jahren 1885 – 1888 erhielt Bremen einen modernen Seehafen, gerade rechtzeitig zum Zollanschluß an das Reich im Jahre 1888. Das Foto zeigt den Stand der Arbeiten an der Kaimauer außerhalb des Abschlußdeiches im Juli 1887.

Noch bevor die Durchführung des Korrektionsprojektes gesichert war, entschloß sich Bremen, einen Weserbogen in seinem Stadtgebiet auf eigene Kosten zu verkürzen. Der „Durchstich der Langen Bucht" bei Seehausen 1883 – 1886 bewirkte bereits eine leichte Vertiefung des Fahrwassers auf 3 Meter. Die Absperrung des alten Stromschlauchs 1885 war Anlaß zu einem Foto der beteiligten Arbeiter.

Trotz Unterweserkorrektion und Hafenbau in Bremen konnten die Häfen in Bremerhaven bereits 1890 den rapide gewachsenen Verkehr nicht mehr aufnehmen. Der Neue Kaiserhafen und das Kaiserdock, die 1892 – 1899 entstanden, trugen den gestiegenen Schiffsgrößen Rechnung. Die Bugansicht des 1894 in Dienst gestellten „Prinzregent Luitpold" (6592 BRT) des Norddeutschen Lloyd im Kaiserdock 1899 verdeutlicht die neuen Dimensionen.

Die Kaiserschleuse zu den neuen Hafenanlagen von Bremerhaven wurde auf Intervention von Ludwig Franzius 223 m lang gebaut und war damit seinerzeit die größte Schleuse der Welt. Fast gleichzeitig mit ihrer Fertigstellung (1898) wurde der 198 m lange Vierschornsteindampfer „Kaiser Wilhelm der Große" (14 349 BRT) in Fahrt gesetzt, der hier zur Eröffnung der neuen Anlagen in den Kaiserhafen geschleppt wird.

Der Beitrag erschien am 29. November 1885, also wenige Wochen nach Inbetriebnahme des Leuchtturms Roter Sand, in der in Bonn-Bremen-Hamburg erscheinenden „Hansa. Zeitschrift für Seewesen" (Jg. 22, Nr. 24, S. 200 – 202). Der Verfasser war Königlicher Navigationslehrer in Geestemünde.

R. Hahn:
Der Leuchtturm auf dem Roten Sand an der Wesermündung

„Navigare necesse est, vivere non est" steht am Hause „Seefahrt" in Bremen zu lesen, und diese Worte fallen dem unwillkürlich ins Gedächtnis, der bedenkt, daß durch den Übergang der Segelschiffahrt zur Dampfschiffahrt einmal, und dann durch die Überproduktion an Schiffen in den letzten zwei Dezennien die Seefahrt einen so rastlos treibenden wettbewerbenden Charakter erhalten hat, daß ihr nicht nur die schnellsten Reisen über See, sondern auch ein sofortiges Verlassen der Häfen, sobald die Schiffe beladen, und ein jederzeitiges Einlaufen in dieselben, ohne Rücksicht auf die Witterung und ob Tag oder Nacht, Bedingung geworden sind; liegt es doch auf der Hand, daß dadurch die Gefahren der Schiffahrt bedeutend gewachsen sind gegen früher, wo man eine günstige Gelegenheit zum Einlaufen oder Auslaufen abwarten konnte!

Um die Gefährlichkeit dieses gewagten Fahrens, welches im Interesse unseres Handels eine nicht abweisbare Schiffahrtsbedingung ist, zu mindern, ist man allgemein bestrebt, an der Küste mehr und bessere Seezeichen, d. h. Orientierungspunkte für Schiffer und Lotsen zu schaffen. Gerade unsere deutsche Nordseeküste, durch ihre weit auslaufenden Sände und versteckten Bänke, wie durch ihre Witterungsverhältnisse eine der gefährlichsten der Welt, bedarf an den meist frequentierten Mündungen der Weser und Elbe ganz außerordentlicher Wegweiser aus See und zu diesen gehört in erster Linie der eben vollendete Feuerturm auf dem Roten Sand. Ein geniales Bauwerk der Neuzeit, ist derselbe weit ab von der Küste, inmitten der Nordseebrandung in 8½ Meter Wassertiefe, ohne jede andere Basis als den sandigen Meeresgrund erbaut, und wie der heilige Christophorus der Legende, steht er dort fest in der stürmenden Flut und tosenden Brandung, mit der die See aus dem Nordmeer geschwollenen Kamms im Wogensturm gegen seinen Bau rast. Immer wieder stemmt sie die gewaltige, schwellende Brust in übermächtigem Anprall gegen ihn und immer wieder stürzt sie zu Schaum und Gischt gepeitscht zurück, als hätte sie hier ihren Meister gefunden und müßte ihn seine Bestimmung erfüllen lassen: gleich dem Christophorus zu führen und zu retten, wenn Schiffe unbekannt mit dem richtigen Wege im leitenden Schein seines Fanals das rechte Fahrwasser suchen!

Da an der Wesermündung ein massiver Grund zur Verfestigung eines Fundaments dieses Leuchtturms nicht zu finden war, so schuf man ein solches, indem man einen kolossalen Hohlzylinder von Eisenblech mit der offenen Bodenfläche auf den Meeresgrund stellte und dann den Untergrund inwendig herausarbeitend, den Zylinder in den Meeresboden versenkte. Nachdem diese gewaltige Röhre dann mit erhärtenden Massen gefüllt war, erhielt sie die Stabilität und das Widerstandsvermögen einer kompakten, tief im Grunde stehenden Säule, die nun als Basis eines großen Leuchtturms dient. Dieser Untersatz, Kasten oder Kaisson des eigentlichen Leuchtturms besteht aus einem inwendig gehörig ausgesteiften Blechmantel von 9 mm Dicke; seine Dimensionen sind in der ellipsenförmigen Bodenfläche 14,1 und 11,0 Meter, bei einer Höhe von 30 Metern. Er ist im Kaiserdock zu Bremerhaven erbaut und dann auf Luftkasten schwimmend nach dem Roten Sand bugsiert, wo man diese nach und nach mit Wasser füllte und den Kaisson so auf den Grund herunterließ. Die Förderung des Grundes innerhalb ist dann teils mechanisch durch den mittleren Förderungsschacht, teils durch Blasrohre geschehen; man mußte nämlich in dem unteren Förderungsraum, um das Wasser abzuhalten, die Luft auf 2 bis 3 Atmosphären Druck komprimieren: brachte man dann von oben her in diesen Raum ca. 8 cm dicke gewöhnliche Gasrohre und setzte diese mit einer Saugpumpe in Verbindung, so war es nur nötig, Erdreich im Förderungsraum aufzulockern, damit es ohne Weiteres in der Röhre aufstieg und über Bord geleitet werden konnte. Vom Juni 1883 bis Herbst 1884 ist der Kaisson in dieser Weise 14½ Meter tief in den Meeresboden gesenkt und während dessen der leere Platz über dem Förderungsraum zunächst der Bordwand mit Mauerwerk von besten Klinkern und in der Mitte um den Förderungsschacht herum mit Beton ausgefüllt.

Oben auf ist, gedeckt und umgürtet von starken Eisenplatten, ein Fundament für

Beschreibung in der Fachpresse

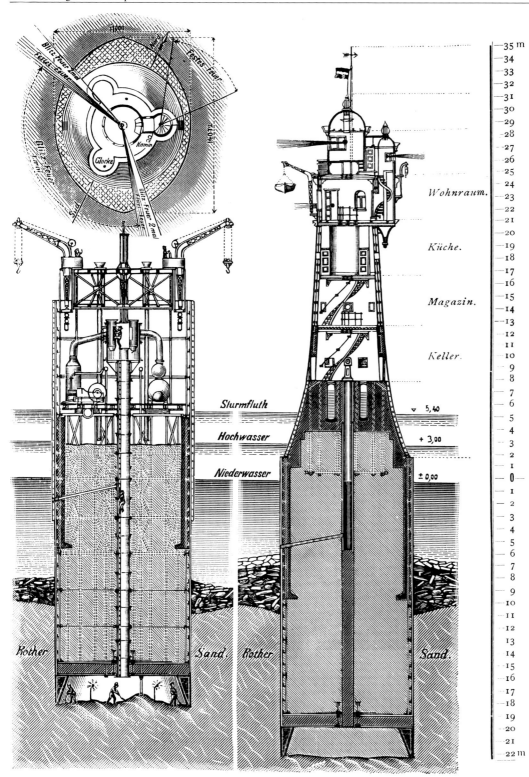

Diese Schnittzeichnungen sind in mehreren Zeitschriften um 1900 veröffentlicht worden, so auch in dem Buch „Bremen und seine Bauten". Es ist die einzige Darstellung, auf der auch Arbeiter zu sehen sind, hier beim Erdaushub in der Druckkammer.

Vom untersten Geschoß mit den beiden gegenüberliegenden Türen führt eine geschwungene Treppe an der inneren Turmwand hinauf bis ins Dienstzimmer. Von dort gelangt man über eine Wendeltreppe in einem der Erker ins Laternenhaus, insgesamt sind es 70 Stufen.

den eigentlichen Leuchtturm gesetzt und in diesem sind 12 schmiedeiserne Säulen verankert, welche die Grundfesten des Turmes bilden, und welchen durch die Zwischendecke der einzelnen Stockwerke gehörige Zusammenhaltung und Aussteifung gegeben ist. Als Turmwand umfaßt die Säulen eine 10 mm dicke Blechumhüllung, die in Küche und Wohnraum inwendig zum Schutz gegen rauhe Witterung mit Holz bekleidet ist. Zum Turm führt in der Höhe des Wohnraums ein Zugang, von dem herab bis zum Fundament eiserne Leitern gehen. Ebenfalls in gleicher Höhe mit dem Wohnraum befinden sich an dem Turm drei seitwärts ausgebaute Erkertürme zur Aufnahme kleiner Nebenfeuer; der Turm hat in dieser Höhe noch einen Durchmesser von 5 m.

In der Laterne des Turms befindet sich 27 m über Hochwasser ein Hauptfeuer für die Einsegelung in die neue Weser. Dieses Hauptfeuer, ein Fresnel'scher Apparat IV. Ordnung mit Otter'schen Blenden, ist in der Richtung von N 68° W durch Süd bis S 46° O, 10 Seemeilen weit sichtbar. Dasselbe erscheint als festes weißes Leit-Feuer zwischen N 75° W und N 82° W, desgleichen zwischen S 36° O und S 40° O. Zwischen diesen festen Sektoren, d. i. von N 82° W durch Süd bis S 36° O, erscheint das Feuer als weißes Blitzfeuer mit gleichmäßig aufeinander folgenden Blitzen, wobei die Dauer der Blitze und der Verdunkelung je ca. 1¼ Sekunden beträgt; außerhalb der festen Sektoren, von N 68° W bis N 75° W, sowie von S 40° O bis S 46° O, dagegen als weißes Blitzfeuer mit 2 rasch aufeinander folgenden Blitzen, denen eine Verdunkelung von ca. 4 Sekunden folgt. Dieses Hauptfeuer hat einen Durchmesser von 3,3 m. Über diesem Hauptfeuer erhebt sich noch die Kuppel von Kupferblech bis zu 30,7 m Höhe über N. W. = Niedrigwasser.

Ein Nebenfeuer in dem nordöstlichen Erker, auf 22,9 m über Hochwasser für die Einsegelung in die „Alte Weser". Dieses Nebenfeuer, ein Fresnel'scher Apparat V. Ordnung, ist ein festes weißes Feuer und in der Richtung von N 25° W durch Nord bis N 41° O 8 Seemeilen weit sichtbar.

Zwei Orientierungsfeuer, Fresnel'sche Apparate VI. Ordnung, welche 5 m unter dem Hauptfeuer in dem nordwestlichen und südlichen Erker aufgestellt sind. Das nordwestliche Orientierungsfeuer zeigt in der Richtung N 68° W durch West bis S 77° W, das südliche in der Richtung S 28° O bis S 46° O ein festes weißes Licht, welches mit bloßem Auge auf über 2 bis 2 ½ Seemeilen Entfernung vom Turm nicht mehr deutlich sichtbar ist; das Sichtbarwerden dieser Feuer bezeichnet die Punkte, wo die Schiffe von dem einen Leitfeuer in das andere hinüber zu steuern haben.

Tiefgehende Schiffe dürfen sich dem Turme, des Roten Sandes wegen, in den festen Leitfeuern nur bis auf 1½ Seemeilen nähern, und müssen denselben alsdann in einem Abstande von reichlich 5 Kabellängen oder etwa 1000 m passieren.

Der gesamte Leuchtapparat ist in Berlin hergestellt und von dem Ingenieur Veitmeyer selbst aufgestellt; es gereicht deutscher Industrie zum Stolz, daß sie sich auch nach dieser Richtung hin vom Auslande emanzipiert. Der Turm ist in horizontalen Ringen schwarz, weiß und rot gestrichen.

Im August und September 1885 wurde die innere Einrichtung des Turms vollendet, der Leuchtapparat und das Telegraphenkabel eingeführt, ein Blitzableiter angelegt und der Flutmesser fertiggestellt, so daß am 19. Oktober alles fertig war und am 23. Oktober die Besichtigung und Abnahme erfolgen konnte. Darauf sind seit dem 1. November die Lampen angesteckt. Daß der ganze Bau ohne den mindesten Verlust an Menschenleben vollendet wurde, mag noch zum Ruhm der Bauleitung erwähnt werden.

Zur Bedienung des Leuchtapparates und des Telegraphen, der den Turm mit dem Lande verbindet, ist ein Turmwärter und ein Gehilfe angestellt, welche Proviant für mehrere Monate, ein seetüchtiges Boot und außer zwei Zisternen im Fundament des Turmes einen Süßwasser-Kondensierapparat zur Verfügung haben; es gehören dazu starknervige, furchtlose Personen, denn die Nordsee dürfte in der rauhen Jahreszeit den dann völlig Abgeschlossenen ein Sturmlied zutosen, das auch die festen Herzen sturmgewohnter Seeleute erbeben machen könnte. –

An dem Bau des Kaissons sind ca. achtzig Menschen fortdauernd beschäftigt gewesen, welche an Bord eines mittelgroßen Seeschiffes, das zu einem schwimmenden

Beschreibung in der Fachpresse

Nachricht für Seefahrer.

Leuchtthurm in der Wesermündung
auf dem Rothen Sande.

Am 25. 10. 1895 vom Tonnen- und Bakenamt als Plakat und Rundschreiben herausgegebene Bekanntmachung mit der genauen Position und den Angaben zur Befeuerung des neuen Leuchtturms.

Die **Feuer** auf dem an der Westseite des Rothen Sandes in der Wesermündung erbauten **eisernen Leuchtthurm** sollen am **1. November** dieses Jahres angezündet werden und von diesem Tage an regelmäßig von Sonnenuntergang bis Sonnenaufgang brennen.

Der **Thurm** steht auf 53° 51′ 18,1″ Nördlicher Breite und 8° 4′ 54,7″ Oestlicher Länge von Greenwich, in 7 m Niedrigwasser.

Derselbe hat die Form eines abgestumpften Kegels, an welchem oben, unterhalb der Laterne, drei runde Erker angebracht sind, und bis zur Spitze des Laternendaches eine Höhe von 28,4 m über Hochwasser.

Der Fuß des Thurmes, bis 5 m über Hochwasser, ist schwarz gemalt, der obere Theil desselben abwechselnd weiß und roth in horizontalen Streifen von etwa 4 m Breite, die Erker roth, die Laterne weiß, das Kuppeldach derselben schwarz.

Der Thurm zeigt:

1. **Ein Hauptfeuer** auf 23,9 m über Hochwasser für die Einsegelung in die „Neue Weser".

   Dieses Hauptfeuer, ein Fresnel'scher Apparat IV. Ordnung mit Otter'schen Blenden ist in der Richtung von N 68° W durch Süd bis S 46° O, 10 Seemeilen weit sichtbar.

   Dasselbe erscheint als **festes weißes Leitfeuer** zwischen N 75° W und N 82° W, desgleichen zwischen S 36° O und S 40° O.

   Zwischen diesen festen Sektoren, d. i. von N 82° W durch Süd bis S 36° O, erscheint das Feuer als **weißes Blitzfeuer** mit gleichmäßig auf einander folgenden Blitzen, wobei die Dauer der Blitze und der Verdunkelung je ca. 1¼ Sekunde beträgt; außerhalb der festen Sektoren, von N 68° W bis N 75° W, sowie von S 40° O bis S 46° O, dagegen als **weißes Blitzfeuer** mit 2 rasch auf einander folgenden Blitzen, denen eine Verdunkelung von ca. 4 Sekunden folgt.

   Bremen, den 25. October 1885.

2. **Ein Nebenfeuer** in dem nordöstlichen Erker, auf 22,9 m über Hochwasser für die Einsegelung in die „Alte Weser".

   Dieses Nebenfeuer, ein Fresnel'scher Apparat V. Ordnung, ist ein **festes weißes** Feuer und in der Richtung von N 25° W durch Nord bis N 41° O, 8 Seemeilen weit sichtbar.

3. **Zwei Orientirungsfeuer**, Fresnel'sche Apparate VI. Ordnung, welche 5 m unter dem Hauptfeuer in dem nordwestlichen und südlichen Erker aufgestellt sind.

   Das nordwestliche Orientirungsfeuer zeigt in der Richtung N 68° W durch West bis N 77° W, das südliche in der Richtung S 28° O bis S 46° O **festes weißes** Licht, welches mit bloßem Auge auf über 2 bis 2½ Seemeilen Entfernung vom Thurm nicht mehr deutlich sichtbar ist; das Sichtbarwerden dieser Feuer bezeichnet die Punkte, wo die Schiffe von dem einen Leitfeuer in das andere hinüberzusteuern haben.

   Tiefgehende Schiffe dürfen sich dem Thurme, des Rothen Sandes wegen, in den festen Leitfeuern nur bis auf 1½ Seemeilen nähern und müssen denselben alsdann in einem Abstande von reichlich 5 Kabellängen oder etwa 1000 m passiren.

   Sämmtliche **Peilungen** sind rechtweisend und vom Thurm aus gerechnet.

   Auf dem Thurme befindet sich eine **Telegraphen-Station**; dieselbe befördert Telegramme, welche mittelst der Flaggensignale des internationalen Signalbuches aufgegeben werden. Schiffe, welche ihre Nationalflagge und Unterscheidungssignale zeigen, werden von der Station nach Bremerhaven und Bremen gemeldet.

   Wenn viel **Treibeis** in der Weser ist, werden am Thurm die Signalflaggen HQR gezeigt.

   Bei **Nebel** wird in Intervallen eine am Thurm angebrachte Glocke geläutet.

Das Tonnen- und Bakenamt.

Druck von Carl Schünemann, Bremen.

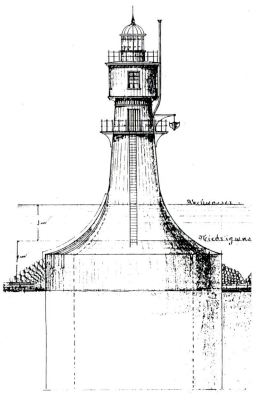

Zunächst war als Standort des Leuchtturms der „Rote Grund" vorgesehen. Die erste bekannte Zeichnung Hanckes' aus dem Jahr 1878 ist noch für die wesentlich geringere Wassertiefe dieser Stelle angelegt. Der Plan, aus dem wir hier nur die Ansicht abbilden, enthält bereits alle wesentlichen Merkmale der späteren Ausführung in etwa doppelter Wassertiefe auf dem Roten Sand.

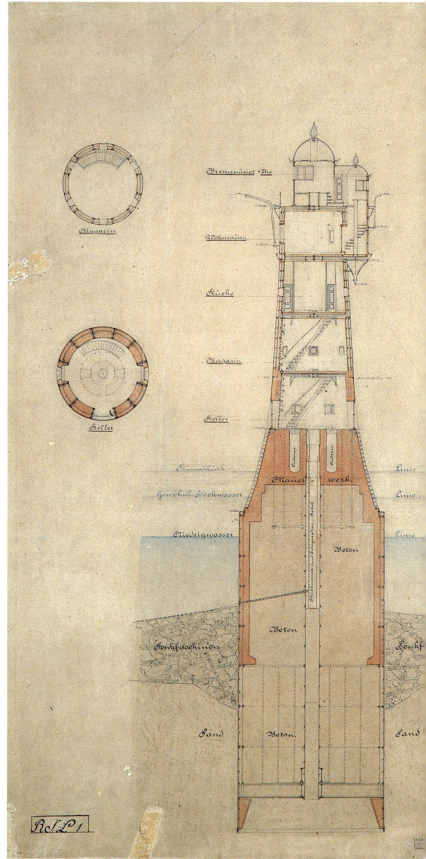

Diese Bestandszeichnung enthält alle Abmessungen und Schnitte, die das Wasser- und Schiffahrtsamt zur Arbeit am Turm benötigt. Sie ist seit der Erbauung gleich geblieben, eine neue Vermessung gab es seither nicht. Sie ist die zuverlässigste Unterlage für Modellbauer.
Die fehlende, so typische schwarz-weiß-rote Bemalung gibt dem Turm ein fremdes Aussehen.

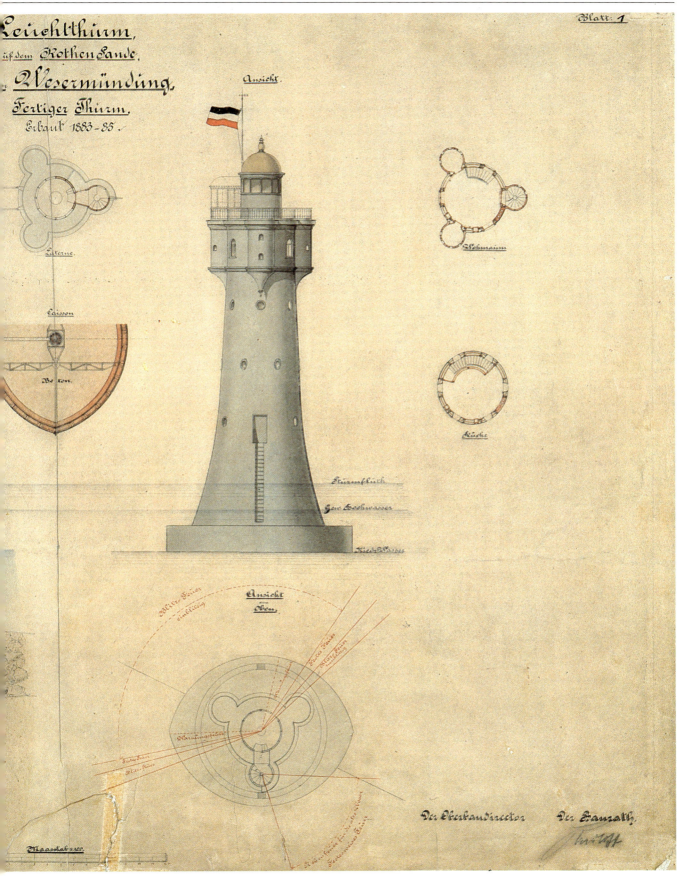

Kein anständiges Lexikon läßt es sich nehmen, den Leuchtturm auf dem Roten Sande mehr oder minder ausführlich zu behandeln. Diese Abbildung stammt aus dem um die Jahrhundertwende entstandenen Werk „Weltall und Menschheit". Auf dieser Abbildung ist besonders gut der Pegelschacht im ehemaligen Förderungsrohr des Caissons zu erkennen, der durch eine Verbindung nach außen mit dem Wasserstand kommuniziert. Darüber sind der Pegelanzeiger und ein Handlot installiert (heute im Deutschen Schiffahrtsmuseum in Bremerhaven). Daneben, im Mauerwerk eingelassen, die beiden Süßwasserzisternen, die durch Versorgungsschiffe regelmäßig aufgefüllt wurden.

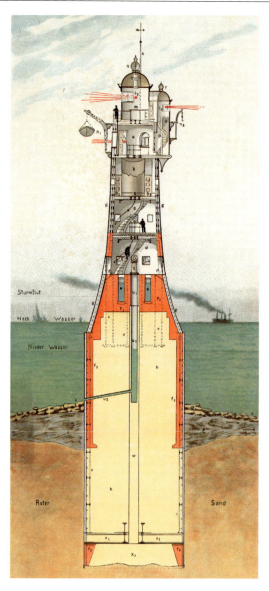

Hotel eingerichtet und in der Nähe des Kaissons vor Anker gelegt war, logiert und beköstigt wurden. Fortwährend war ein Bugsier-Dampfer am Platz, um einmal die Kommunikation zwischen Kaisson und Logierschiff aufrecht zu halten und zweitens das letztere, sowie die Material-Fahrzeuge nach Bremerhaven zu schleppen, wenn stürmisches Wetter eintrat. Aus der bloßgestellten Lage des Roten Sandes ist leicht zu ersehen, daß jeder stärkere Wind von Südwest durch West bis Nord dort hohen Seegang erzeugt, der das Abgeben von Material an den Kaisson und damit jedes Arbeiten unmöglich machte, und gar häufig ist die ganze kleine Flotille nach kurzer Arbeitszeit von draußen nach Bremerhaven geflüchtet, froh, nicht mehr als Material und Zeit verloren zu haben. Wer Nordseewetter im Herbst, Winter und Frühjahr kennt, der wird überzeugt sein, daß dieser Bau mit außerordentlichen Schwierigkeiten verknüpft war und daß mehr als gewöhnliche Tatkraft und Umsicht der leitenden Ingenieure dazu gehörte, ihn fertig zu stellen. Trotzdem vor drei Jahren ein gleicher Kaisson in dem 13. Oktober-Sturm vollständig zerschlug, sehen wir jetzt das bald darauf mit aller Energie neu in Angriff genommene Werk mit eiserner Beharrlichkeit durchgeführt. Der Kaisson steht seit vorigem Jahre fertig, zwei Winter hindurch vom Sturm geprüft, und das Leitfeuer des Leuchtturms macht vom 1. November 1885 die Einfahrt in die Weser den Seefahrern auch bei Nacht möglich und sicher.

Wir können nicht umhin, hervorzuheben, daß dieses Werk ein durchaus deutsches ist; ein deutscher Baubeamter (Baurat Hankkes) hat darin seine Idee zum Ausdruck gebracht, eine deutsche Bau-Firma (Harkort in Duisburg) hat die Ausführung mit deutschem Material unternommen, deutsche Ingenieure haben den Bau geleitet und deutsche Arbeiter ihn ausgeführt.

Es versendet der Pharus auf dem Roten Sand sein leitendes Licht zum Nutzen und Frommen der Schiffahrt. Möge er dort immer stehen als Wahrzeichen deutscher Bau- und Ingenieur-Kunst! Jeder deutsche Seefahrer wird den Bau mit dem Gefühl achtungsvollster Anerkennung deutscher Schaffenskraft auch auf diesem Gebiete passieren und stolz auf ihn als den „ersten" dieser Art auf der Erde hinweisen. –

Von jetzt an können nach der Weser bestimmte Schiffe auch bei Nacht sicher bis Hoheweg, und mit Hilfe von drei kleinen von dort aufwärts zu errichtenden Leitfeuern bis Bremerhaven fahren. Im Nebel warnt sie Glockengeläute, vor Treibeis warnen Flaggen; der Telegraph bedient sich der Signale des internationalen Signalbuchs; letzterer wird u. a. eine besondere Tätigkeit für Ordreschiffe entfalten, indem jetzt solche Schiffe nicht mehr bis Bremerhaven oder Hoheweg fahren brauchen, sondern dort draußen am Roten Sand schon ihre Ordre empfangen können.

Er muß nicht nur im Mittelpunkt stehen: Auch als randständige Zier ist der Rote Sand den Marinemalern nützlich, kann er die Monumentalität der Darstellung durch seine Anwesenheit unterstützen, hier in einer Gouache von Willy Stöver.

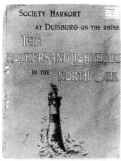

Der Verfasser des Beitrags, Otto Offergeld, war Generaldirektor der Firma Harkort zur Zeit des zweiten, von dieser Firma erfolgreich durchgeführten Leuchtturmbaus. Bei dem Bericht von Otto Offergeld handelt es sich ursprünglich um einen Vortrag, der 1886 vor einer Versammlung der Architekten- und Ingenieurs-Vereinigung in Hamburg gehalten wurde. Dieser Vortrag erschien in englischer Fassung im Dezember 1887 in der Zeitschrift „Engineering" (Druckort London) und – wohl gleichzeitig oder wenig später – als Sonderdruck für die Firma Harkort. Der hier wiedergegebene Text ist eine Übersetzung der englischen Fassung.

Otto Offergeld:
Über den Bau des Leuchtturms in der Nordsee

Der Bau des sogenannten Leuchtturms Roter Sand in der Nordsee hat eine Geschichte, die viele Jahre zurückreicht. Hierüber wird ein Bericht gegeben, um den Ursprung des Projektes zu zeigen und wie es entwickelt wurde; wie der erste Versuch fehlgeschlagen ist, aber wie danach eine erfolgreiche Ausführung stattfand. Hieraus kann klar erkannt werden, welche Schwierigkeiten zu überwinden waren und wie sie überwunden wurden.

Die Uferstaaten Preußen, Oldenburg und Bremen waren übereingekommen, das Seezeichenwesen der Weser gemeinsam zu regeln und aufrechtzuerhalten und Abgaben von allen Schiffen zu erheben, die die Weser befahren, um hieraus die Ausgaben bestreiten zu können. Unter Preußens Führung wurde auch erreicht, daß eine jährliche Inspektion stattfand. Vor nahezu 8 Jahren, Ende Juni 1878, fand die erste Befahrung dieser Art statt. Die äußerst unvollständige Markierung der Wesereinfahrt und die Notwendigkeit, eine Befeuerung durch die Einrichtung eines Feuerschiffes zu erhalten, wurden festgestellt.

Nachdem es jedoch unmöglich war, solch ein Schiff sicher an dieser Stelle zu verankern, wurde beschlossen, den Bau eines Leuchtturms zu versuchen. Die 3 vereinten Staaten betrauten Bremen mit der Federführung. Bremen setzte das Tonnen- und Bakenamt als zuständige Behörde ein, und der Senat bestimmte zum Bauleiter den Baurat Hanckes. Dieser richtete an uns, die Gesellschaft Harkort in Duisburg, im August 1878 die Anfrage, ob wir auf unsere Rechnung und auf unsere Gefahr den Bau eines Leuchtturms übernehmen und an ihn Vorschläge zu diesem Zwecke übermitteln würden.

Die zu beachtenden Punkte waren zahlreich. In einer Wassertiefe von 6 m stehend, mußte sich der Turm 28 m über Niedrigwasser erheben. Sandiger Untergrund, schwerer Seegang und Eistreiben mußten in Rechnung gestellt werden. Herr Hanckes dachte daran, den Turm auf Schraubenpfählen zu gründen, wie sie für viele Leuchttürme an der englischen Küste gebraucht worden waren. Wir erklärten uns dazu in der Lage, bemerkten jedoch, daß wir eine Gründung auf Schraubenpfählen unter den vorhandenen Umständen als ungeeignet und nicht tunlich ansähen, und wir schlugen eine Massivgründung nach der Druckluftmethode vor.

Ein längerer Schriftwechsel schloß sich an, gefolgt von einer Inspektionsreise an die Stelle, an der das Bauwerk errichtet werden sollte. Das Ergebnis war, daß eine Baustelle über 50 km von Bremerhaven entfernt ausgesucht wurde, nahezu gradlinig in Richtung Helgoland, aber etwas näher an dieser Insel. Sie war deshalb sehr weit entfernt von allen Hilfsquellen und lag in der offenen See an einer Stelle, die als sehr unruhig bekannt war und wo sogar leichte Winde aus W, NW, N und NO genügten, um einen schweren Seegang hervorzurufen. Hinzu kam, daß der Turm, um seine Aufgabe zu erfüllen, in der Nähe der Fahrrinne mit einer Tiefe von 17 m anzuordnen war. Wenn man nun betrachtet, daß die tiefe Fahrrinne, wie die Erfahrung lehrt, im Laufe der Jahre wandert und eines Tages sehr dicht an den Turm heranrücken kann, war es notwendig, eine große Gründungstiefe in Betracht zu ziehen, und eine schnelle Ausführung der Gründung war gänzlich ausgeschlossen. Unter diesen Umständen und im Hinblick auf die exponierte Lage erschien das Niederbringen von Pfählen, die Errichtung von festen Baugerüsten, die Einrichtung schwimmender Gerüste oder schließlich der Transport eines zwischen Schiffen aufgehängten Caissons (Senkkastens) unausführbar. Herr Baurat Hanckes schlug nun vor, den Caisson schwimmend zur Baustelle zu bringen, ihn dort auf irgendeine Art und Weise auf den Meeresgrund und tief in den Untergrund hinein abzusenken und ihn schließlich mit Beton zu verfüllen. Wir fanden, daß diese Idee sehr gut und ausführbar war. Wir entwickelten den Vorschlag weiter und beschlossen, daß wir das Absenken durch das Einlassen von Wasser verstärken würden und daß wir den Caisson mit Hilfe von Druckluft in den Untergrund niederbringen wollten; daß wir alle hierfür benötigten Geräte, Maschinen, Kessel, Luftpumpen, Luftschleusen usw. in der Reihenfolge der

Arbeitsschritte in den Caisson laden und zusammen mit ihm hinausschleppen wollten. Auf dieser Grundlage arbeiteten wir den Vorschlag und den Kostenanschlag aus und reichten sie am 7.2.1879 ein. Die Vorschläge waren zu jener Zeit noch nicht so weitgehend wie jene, die nachher ausgeführt wurden. Es war beabsichtigt, den Caisson nur bis 14 m unter Niedrigwasser abzusenken und ihn mit Beton nur bis 4 m über Niedrigwasser zu verfüllen. Dieses Projekt bildete jedoch in allen Hauptteilen die Grundlage des Planes, der dann viele Jahre später tatsächlich durch uns ausgeführt wurde.

Ich muß hier erwähnen, daß zu der Zeit, in der wir unseren Vorschlag einreichten, einer unserer Ingenieure, der bei dieser Arbeit beschäftigt war, uns verließ. Danach hörten wir, daß er und zwei andere Ingenieure in Konkurrenz zu uns getreten waren. Die Gesellschaft hatte sich jedoch zu früh gebildet, weil die bereits am Anfang erwähnten Schiffahrtsabgaben bisher erst einen geringen Betrag hatten ansammeln lassen, und es wurden mehr als 1½ Jahre benötigt, bevor der Fonds den erforderlichen Betrag erreicht hatte.

Für den 15.9.1880 waren die Angebote angefordert worden auf der Grundlage von allgemeinen Zeichnungen und Beschreibungen, welche jedoch nicht in allen Punkten bindend sein sollten. Nur die schon erwähnte junge Gesellschaft erschien als Konkurrenz. Obgleich wir einen außergewöhnlich mäßigen Preis von 480500 Mark ausschließlich der Gründungsarbeiten angeboten hatten, wurden wir doch beträchtlich unterboten durch einen Preis von 455000 Mark einschließlich der Gründungsarbeiten. Die letzteren konnten unserer Meinung nach nicht genau veranschlagt werden. Die Arbeiten haben jedoch nach der Fertigstellung des Werkes 110000 Mark gekostet, so daß mit diesen Zahlen der Differenzbetrag 135500 Mark betrug.

Der ungenügende Preis, zu dem jene Unternehmer den Auftrag erhielten und mit der Ausführung begannen, trug wesentlich zum Fehlschlag der Arbeit bei, weil sie dadurch gezwungen waren, an Stellen zu sparen, wo man es nicht zu tun pflegt und notwendige Arbeiten zu vernachlässigen, wenn für diese keine Abschlagszahlungen bereitgestellt wurden.

Während des Winters 1880/81 begannen sie im Hafen mit dem Bau des Schwimmcaissons und stellten ihn fertig. Am Morgen des 22.5.1881 schleppten ihn zwei Dampfschlepper aus dem Kaiserhafen in Bremerhaven die Weser hinunter bei ruhigem Wetter zur Baustelle. Bei dieser Fahrt machte der Caisson Schwierigkeiten. Die Schlepptrosse brach während der Nacht, und der Caisson setzte sich mit der Ebbe auf eine in der Nähe gelegene Sandbank. Am nächsten Morgen kam er mit der Flut wieder flott, und es gelang, ihn wieder ins Schlepp zu nehmen. Erst am Abend des vierten Tages jedoch erreichte er seinen Bestimmungsort und konnte auf dem Boden abgesetzt werden, indem Wasser eingelassen wurde. Dies wurde auf etwas primitive Art und Weise getan, indem ein großer hölzerner Pfropfen, der eine Öffnung von 150 mm Durchmesser verschloß, die ¾ m über der Sohle des Caissons gebohrt war, herausgeschlagen wurde. Das Hereinstürzen des Wassers verursachte eine Erschütterung, welche den Caisson zum Schwingen brachte und ihn schief stellte. Er richtete sich jedoch wieder auf und erreichte bei Anbruch der Nacht glücklich den Boden.

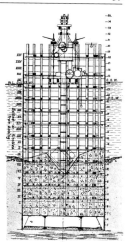

Frühjahr 1881: Der erste Caisson im Bau, daneben der Längs- und Querschnitt. Die zweite Konstruktion besaß keine Versteifungen innerhalb des Arbeitsraumes.

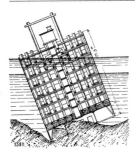

Der erste Caisson nach dem Absetzen an der Baustelle am Morgen des 26.5.1881. Die Neigung beträgt 21 Grad, so daß Wasser bei Flut an der niedrigen Stelle hineinläuft.

Am folgenden Morgen, als alles außer dem Wächter an Bord des Dampfers schlief, bemerkte der letztere, als der Nebel sich verzog, daß der Caisson sich zur Seite geneigt hatte. Es war schwierig, die Männer zu wecken, und der Dampfdruck war noch niedrig, so daß es eine beträchtliche Zeit dauerte, bevor sie die bedrängte Mannschaft auf dem Caisson befreien konnten. Am Morgen hatten sich die Männer dort nicht mehr in ihren Kojen halten können. Mit der Flut wurde die Sache immer schlimmer, und als die Neigung 21° erreicht hatte, waren alle froh, als schließlich der Dampfer in Sicht kam und sie sich in seine Boote über Seile herunterlassen konnten.

Vier Tage mußte der Caisson seinem Schicksal überlassen werden, während bei Flut das Wasser in ihn auf der niedrigen Seite hineinlief. Danach richtete die Flut ihn wieder so weit auf, daß es möglich war, die Wände um 2 m von 17½ auf 19½ m zu erhöhen. Es war ein Glück, daß dies beendet war, bevor die Pfingststürme einsetzten. Der Caisson hatte noch eine Neigung von 10°20'. Sobald es möglich war, zur Baustelle zurückzukehren, und das war volle drei Wochen danach, stellte sich heraus, daß der Sturm, der aus einer sehr günstigen Richtung geweht hatte, auf der entgegengesetzten Seite Auskolkungen (ausgewaschene Vertiefungen) hervorgerufen und dadurch den Caisson wieder aufgerichtet hatte. Der Bau stand nun mit seinen Schneiden 13 m unter Niedrigwasser, so daß also der Caisson schon 5 m von selbst eingesunken war. Nun begann das Verfüllen des Caissons mit Beton, und am 4. August wurde die Druckluftabsenkung von − 13 m aus begonnen.

Die folgenden 2 Monate bis Beginn Oktober waren sehr vom Wetter begünstigt, so daß die Schneiden bis 20¾ m unter Niedrigwasser heruntergetrieben werden konnten, also insgesamt eine Absenkung um 7¾ m geschafft war. Aber die Erhöhung der Wände des Caissons und die Verfüllung mit Beton waren vernachlässigt worden.

Vorher, während des Pfingststurmes, war der Höchstwasserstand 6¾ m über Niedrigwasser gewesen. Die Wellen waren in den Caisson hineingeschlagen, was sich nach dem Sturm darin zeigte, daß sich die obere Kammer der Luftschleuse mit Wasser gefüllt hatte. Trotzdem war in dieser Beziehung kaum eine Vorsorge getroffen, als die Oktoberstürme einsetzten. Zu dieser Zeit standen die Wandoberkanten 7¾ m über Niedrigwasser. Noch schlimmer als dies war die Vernachlässigung der Einbringung des Mauerwerks und des Portlandzements. Keine Ziegel waren bisher vermauert worden. Der Beton war erst bis 11¾ m über die Caissonsohle eingebracht worden, d. h. bis 9 m unter Niedrigwasser. Da zu dieser Zeit der Meeresgrund durch Faschinen auf 9½ m unter Niedrigwasser erhöht worden war, hörte somit die Verfüllung des Caissons tatsächlich in der gleichen Höhe wie der Meeresgrund auf. Über dieser Höhe waren die dünnen Eisenwände allein durch eine Holzabsteifung gesichert, die nicht in der Lage war, einen wesentlichen Widerstand gegenüber den Wellen und dem Winde zu leisten. Herr Baurat Hanckes hatte sich inzwischen mit mir in Verbindung gesetzt wegen des weiteren Bauvorganges. Ich konnte nur empfehlen, sofort das Absenken zu unterbrechen und die Betonierung voranzutreiben, um so viel Gewicht wie möglich in den Caisson zu bekommen, bevor der Winter begann. Die Unternehmer jedoch wollten nicht vom Absenken Abstand nehmen. Sie setzten alles auf eine Karte, hauptsächlich, wie ich glaube, aus zwei Gründen. Einmal, weil sie fürchteten, einen größeren Verlust zu erleiden, wenn sie nicht das Absenken im ersten Baujahr fertigbringen würden, weil es dann unmöglich war, die Konstruktion im folgenden Jahr fertigzustellen, und zweitens, weil sie nur Bezahlung erhalten konnten, wenn sie das Absenken vorantrieben, weil Abschlagszahlungen für den laufenden Meter erreichter Tiefe ausbedungen waren. Als am 9.10. Schlechtwetter einsetzte, war es natürlich unmöglich, einen Beobachter auf dem Bauwerk zurückzulassen, das eine so geringe Sicherheit bot, und alle Arbeiter schifften sich nach Bremerhaven ein. Man hoffte, daß sie bald zurückkehren könnten, aber das Wetter wurde immer rauher mit einem starken Nordweststurm. Eine Sturmflut setzte ein, und am vierten Tage nach dem Verlassen der Arbeit, am 13.10.1881, wurde alles, was erbaut worden war, zerstört. In einer Entfernung von ca. 6 – 7 km nach Land hin ankerte in der Weser das Feuerschiff Bremen. Als der Wachoffizier an jenem Tage am Nachmittag einen Blick zum Leuchtturm warf, bildete er sich ein, daß er ihn plötzlich verschwinden sah. Er mißtraute seinen Augen, nahm sein Glas, und bei sorgfältiger Prüfung jenes Teiles des Horizontes sah er nichts mehr. Die Flut war an jenem Tage auf 4,9 m gestiegen, so daß der Caisson den Wasserspiegel um 2½ m überragte. Folglich schlugen die Wellen hinein, zerstörten die hölzernen Absteifungen, lösten die Verbindungen, bis die ganze Innenkonstruktion mit Kesseln und Maschinen zusammenbrach. Darauf gaben auch die dünnen Eisenplatten nach.

Zuerst wurde das Gerücht verbreitet, der Caisson hätte unter dem Sandbett von 12 m, in das er bereits eingesunken war, weichen Untergrund erreicht und wäre plötzlich darin eingesunken. Es wurden sogar Zeichnungen angefertigt, um das Ereignis so erklären zu können. Als günstiges Wetter eintrat, wurde die Stelle genau abgesucht und durch Taucher überprüft. Dabei wurde festgestellt, daß der Stahlmantel abgebrochen war, und zwar 2½ m über dem Meeresgrund, und daß die Maschinen, Kessel usw. gemäß der Windrichtung gegen Südosten hin vertrieben worden waren. Die Baukosten betrugen nach den Angaben der Unternehmer bis dahin 390000 Mark. An diesem Verlust hatten die Unternehmer mit ihrem eigenen Kapital von 125900 Mark, ihre Geldgeber mit 185000 und schließlich der Auftraggeber mit 80000 Mark teil, weil den Unternehmern 180000 Mark ausgezahlt worden waren, wohingegen nur 100000 Mark gesichert waren. So endete der erste Versuch, in der Brandung des Roten Sandes einen Leuchtturm zu errichten.

Im folgenden Frühjahr, Anfang März 1882, fragte mich Herr Baurat Hanckes privat, ob die Gesellschaft Harkort geneigt sein würde, einen zweiten Versuch zu machen und den Bau zu übernehmen. Obgleich wir sagen konnten: „der Mensch versuche die Götter nicht", erklärten wir uns schließlich doch bereit, ein neues Angebot auf der Grundlage unseres ersten Vorschlages abzugeben und reichten es am 1. Juni 1882 ein. Nach längeren Unterhandlungen unterschrieb ich am 21.9. den Vertrag im Schütting in Bremen mit dem Tonnen- und Bakenamt. Preußen und Oldenburg hatten vorher ihre Zustimmung gegeben.

Man einigte sich auf einen Gesamtbetrag von 853000 Mark. Dieser Preis schloß ein: das Bauwerk einschließlich der Ausrüstung, der Möbel usw. für die aus 3 Leuchtturmwärtern bestehende Besatzung, einen selbstregistrierenden Tidepegel, die Gründungsarbeiten in der Umgebung des Turmes sowie die gesamte aus Schweden gelieferte Beleuchtungseinrichtung. Zu dem genannten Preise kamen später 15000 Mark für drei Balkone, die Vergrößerung der Turmhöhe usw. Wir übereigneten eine Sicherheit von 240000 Mark, die erst nach vollständiger Sicherung des Turmbaues zurückgegeben werden sollte, so daß der Auftraggeber keinerlei Risiko einging. Wir behielten uns jedoch das Recht vor, von der Arbeit zurückzutreten, falls der Gründungscaisson wieder zerstört werden sollte.

Diese Arbeit zu wagen war für uns verhältnismäßig weniger schwierig als für irgend jemand anders. Wir hatten mit der Zeit die Pläne vervollständigt, die in ihren Hauptteilen ohne Änderung als eine Grundlage für den ersten Ausführungsversuch übernommen worden waren. Wir konnten deshalb leicht feststellen, welche Fehler bei der Ausführung gemacht worden waren und daß es nicht die Unausführbarkeit des Planes war, die den Fehlschlag hervorgerufen hatte, sondern die gemachten Fehler. Was die ersten Unternehmer von uns übernommen hatten, wurde somit in verschiedener Hinsicht ausgeglichen durch das, was wir von ihnen lernen konnten. Wichtige Punkte unseres Vorschlages, die eventuell die Katastrophe vermieden hätten, waren bei der ersten Ausführung vernachlässigt worden. Ich werde auf diese an passender Stelle zurückkommen.

„Im Laufe des Sommers 1881 ist zum Wenigsten das ganze Fundament, bis oben hin mit Beton gefüllt, fertig zu stellen, dergestalt, daß vor Eintritt der ungünstigen Jahreszeit die Maschinen entfernt werden können und das Bauwerk vor Zerstörung durch Eisgang gesichert ist." (§ 11, Absatz b des Vertrages zwischen Bavier, Kunz & Weiß und dem Tonnen- und Bakenamt).

Frühjahr 1883, zwei Jahre später, fast das gleiche Bild: Der zweite Caisson kurz vor seiner Fertigstellung. Deutlich erkennt man einen der an den Breitseiten angebrachten Stabilisierungstanks.

Nachdem wir schon während der Verhandlungen die Einzelheiten der Gründung wie auch der Spezialanlage, die für diese Konstruktion gebraucht wurde, vorbereitet hatten, konnten wir sofort nach dem Vertragsabschluß mit der Ausführung beginnen. Der Entwurf jenes Turmteiles, der sich über das Wasser erhebt, wurde während der Errichtung ausgeführt, so daß letztere mit ihm Schritt hielt und häufig sogar der Vervollständigung der zu prüfenden Zeichnungen zuvorkam. Bevor ich den Verlauf der Bauausführung beschreibe, muß ich hier eine kurze Erläuterung der Turmkonstruktion, so wie sie von uns ausgeführt wurde, geben.

Der wichtigste Teil des Turmes ist der Gründungscaisson. Der Turm, der sich darüber erhebt, obgleich nach der Fertigstellung der einzig sichtbare Teil, kann sich in seiner Wichtigkeit nicht damit vergleichen, und zwar hauptsächlich darum, weil seine Errichtung auf einer bereits gesicherten Gründung stattfindet. Der eiserne Gründungscaisson hat ovale Form mit zwei zugespitzten Enden im Nordwesten und Südosten. Er mißt 11 m in der Breite und 14 m in der Länge. Die Seitenhöhe beim Beginn des Baues (beim Hinausschwimmen) war 18½ m und wurde allmählich erhöht bis 32¾ m. Die Wände bestehen aus 10 mm dicken Eisenplatten, ausgesteift in vertikaler Richtung durch 28 Spanten aus I-Eisen, 250 mm hoch, und durch 2 sehr starke Bogen an den Stirnseiten, in horizontaler Richtung durch ringförmige Gurte mit einem Abstand von 3 m und dazwischen liegende Winkeleisen mit 1 m Abstand. Die besondere Form des Caissongrundrisses machte die Befestigung von 2 senkrechten Blechplatten und starke Vertikalverankerungen der Spanten erforderlich. Alle diese Aussteifungen waren so berechnet, daß sie einem hydrostatischen Wasserdruck von 6 m von außen und innen widerstehen konnten. Nur bestes Material wurde verwendet, und es wurde mit der größten Sorgfalt vorbereitet. 2½ m über dem Boden des Caissons befindet sich eine eiserne Decke, getragen und ausgesteift durch 12 Quer- und 2 Längsträger, die auf Formeisen mit der respektablen Höhe von 1 und 2 m aufliegen. Dieser so im untersten Teil des Caissons abgeteilte Raum von 115 qm und 2½ m Höhe bildet den Arbeitsraum. Die Wände sind zur Decke hin durch zahlreiche Konsolen verstärkt und an den Schneiden mit Flach- und Winkeleisen versehen. In der Mitte der Decke erhebt sich ein vertikaler zylindrischer Schacht von 1 m Durchmesser, der im Innern mit Leitersprossen ausgerüstet ist. Dieser Zylinder trägt die Luftschleuse, einen Zylinder von

Der Bau aus der Sicht der ausführenden Firma

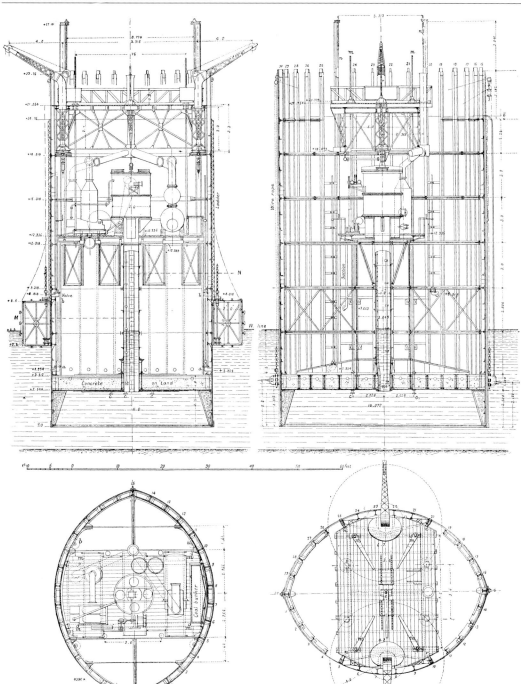

Schnitt durch den zweiten Caisson, der am 26. Mai 1883 von Bremerhaven aus zur neuen Baustelle geschleppt wurde.

Auf drei übereinanderliegenden Montagebühnen wurde auf engstem Raum gearbeitet, auch sonntags. Zwei Dampfkessel erzeugten die benötigte Energie für die Kompressoren, Pumpen und Kräne. Die Lagerung von Kohlen und Wasser beanspruchte viel Platz, ankommendes Baumaterial mußte deshalb sofort verarbeitet werden.

3 m Höhe und 2,6 m Durchmesser. Die Luftschleuse ist ausgerüstet mit 2 Räumen für die heraufgebrachten Erdmassen und 2 Eingangsräumen. Im oberen Teil des Caissons gibt es 4 Arbeitsbühnen, die übereinander angeordnet sind und von denen jede einem besonderen Zweck dient. Die unterste ist die Betonierungsbühne. 3 m darüber folgt die Maschinenplattform, die aus starken Profileisen gebildet wird. Sie trägt 2 Dampfkessel von zusammen 60 m^2 Heizfläche, 1 Luftkompressor, der 11 m^3 pro Minute auf 4 Atmosphären Druck verdichten kann, 1 Kondensator, 1 Zentrifugalpumpe, Kohlen- und Wasserbehälter und die Dampfrohre zum Kompressor, zu den 2 Dampfkränen, die weiter oben angeordnet sind, und zum maschinellen Aufzug. Die Anbringung dieser Rohre war nicht einfach, weil die Speisung aller Maschinen durch jeden der beiden Kessel erfolgen mußte, weil aller verbrauchte Dampf den Kondensator zu passieren hatte und weil der Abstand zwischen der Maschinenbühne und der Schleuse und den Dampfkränen beständig wechselte. Auf der 3. Bühne war eine Plattform mit 2 Schlaf- und Magazinräumen angeordnet; von dort aus wurde auch das Arbeiten der Luftschleuse gesteuert. Auf der obersten, der 4. Bühne, der sogenannten Hebebühne, waren 2 drehbare Dampfkräne von 2000 kg Tragfähigkeit und 4 m Ausladung für das Löschen der Schiffe angeordnet.

Das ausgeladene Eisenmaterial wurde sofort von der vorgenannten Plattform aus eingebaut, um den Caisson zu erhöhen, weil kein Lagerraum vorhanden war. Der angekommene Zement wurde in den Rohren, die auf die untere Bühne zu der Betonierungsplattform führten, heruntergeworfen. Die fortschreitende Bewegung dieser Bühne, meist ohne irgendeine Arbeitsbehinderung, wurde wie folgt durch einige

Leute durchgeführt: 4 der senkrechten Spanten des Caissons wurden um 5 m verlängert. Vom oberen Ende hingen 4 Schraubenspindeln mit je 46 mm Durchmesser herunter, an welchen die beiden oberen Bühnen aufgehängt waren. Diese 2 Bühnen ruhten auf einem leichten Eisengerüst, das hauptsächlich aus Gurtungen bestand, die in der Form eines langen Rechtecks angeordnet waren. Auf dem letzten lag die Wohn- und Magazinplattform; auf der beweglichen Plattform längs der Seiten bewegten sich die drehbaren Dampfkräne. Das ganze wurde durch die 4 Vertikalspanten geführt. Von der beweglichen Bühne selbst hingen 4 Schraubenspindeln von je 62 mm Stärke herab, an welchen die untere und die Maschinenbühne befestigt waren und mit welchen die letztere mit dem Arbeitsfortschritt emporgehoben wurde.

Schließlich war in der Mitte der beweglichen Bühne noch eine weitere Schraubenspindel angeordnet, die dazu diente, die Luftschleuse anzuheben, wenn der Eingangsschacht in den Caisson verlängert werden sollte. Auf diese Art wurde vermittels jener 9 Schraubenspindeln die Bewegung aller Bühnen mit Maschinen und Ausrüstung von der obersten Plattform aus bewirkt. Diese Einrichtung bot einen der größten Vorteile im Vergleich mit der früheren Einrichtung, wo alle diese Arbeiten nur nacheinander durchgeführt werden konnten und wo durch die in allen Richtungen angeordneten hölzernen Absteifungen jeder jeden behinderte.

Es bleibt mir nun, die Endlage des Caissons zu beschreiben. Er war auf den Meeresgrund des Roten Sandes abgesetzt und auf 22 m unter Niedrigwasser hernieder gebracht worden. Er war aufgefüllt mit Ziegelmauerwerk und Beton bis 1,8 m über den Wasserspiegel. Auf dieser Gründung erhob sich mit einem Kreisdurchmesser von 10,3 m die Turmkonstruktion. Die dadurch gebildete Bank rund um den Fuß des Turms ist abgedeckt mit schweren, stark verankerten, stark abgeschreckten gußeisernen Platten. Nachdem er sich bis zu einer Höhe von 8 m in einer Kurve erhoben hat, hat sich der Durchmesser auf 7 m verringert. Bis zu dieser Höhe ist der Turm vollständig mit Mauerwerk verfüllt, außer den Wasserzisternen und dem Pegelschacht.

Das nächste Stockwerk, das den Kellerraum bildet, ist innerhalb des eisernen Mantels umgeben von einem Ziegelmauerwerk von 2½ Stein und überdeckt mit einer feuersicheren Decke aus Wellblechplatten und Zement. Die folgenden Räume, Magazin, Küche und Wohnraum, werden gebildet durch die Eisenkonstruktion, die von innen jedoch mit doppelter Holzverkleidung mit Putzüberzug versehen ist.

Über dem Wohnraum liegt die Galerie, durch ein Geländer eingefaßt, in einer Höhe von 24½ m über Niedrigwasser. Hier hat sich der Turmdurchmesser auf 5,1 m verringert. Am Wohnraum sind 3 halbkreisförmige Balkone angeordnet, die für Richt- und Warnfeuer und zum Ausguck dienen. Der gegen Nordosten gerichtete dient zur gleichen Zeit als Treppenhaus, um vom Wohnraum auf die Turmgalerie und zur Hauptlaterne zu gelangen. Die letztere, zur Aufnahme der Hauptleuchtapparatur gedacht, hat einen Durchmesser von 3,3 m und ist überdeckt von einem Kupferdach, dessen Spitze die Höhe von 30,7 m über Niedrigwasser erreicht. Sie ist ausgerüstet mit einem eisernen Flaggenstock, der sich auf der einen Seite der Galerie erhebt und der an der Spitze mit einem vergoldeten Wetterhahn und Blitzableiter versehen ist.

Nach dieser kurzen Beschreibung der Konstruktion kehre ich zum Bau des Caissons zurück. Eine Schwierigkeit trat am Anfang durch die Beschränkung der Tiefe ein. Sie durfte nicht mehr als 6½ m betragen, weil der Caisson sonst nicht aus dem Hafen herausgebracht oder über die äußeren Sandbänke hinübergebracht werden konnte. Bei der Berechnung der Stabilität des schwimmenden Caissons war zu berücksichtigen, daß wir bei der Überfahrt von einem beachtlichen Sturm betroffen werden könnten. Wir stellten diesen mit 100 kg Winddruck auf den m² in Rechnung, was einer Windgeschwindigkeit von 29 m in der Sekunde entspricht. Der Caisson sollte diesem Winde und dem entsprechenden Seegang ohne Kentern widerstehen können. Gleichzeitig sollte er jedoch die oben aufgestellte Maschineneinrichtung tragen, und zwar so aufgestellt, daß so schnell wie möglich nach dem Absenken mit der Arbeit begonnen werden konnte.

Um dies zu erreichen, wurden die Querspanten, auf denen die Maschinenbühne ruhte, so angeordnet, daß sie leicht 3 m durch einfache Drehbewegung der 4

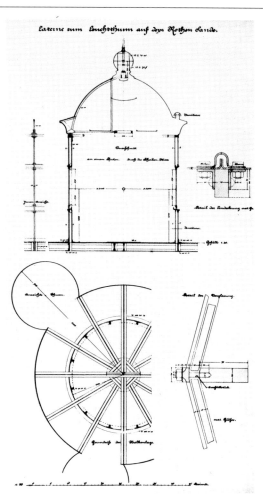

Detailzeichnung des Laternenaufbaus, der Verglasung und Eindeckung.

Schraubenspindeln angehoben werden konnte. Weiter war es notwendig, daß die Wände so hoch wie möglich ausgeführt werden sollten, damit sie hoch genug nach dem Absenken über den Wasserspiegel hinausstanden. Höher als 18¾ m ging dies jedoch nicht (13¼ m mehr als bei dem früheren Versuch), teilweise wegen des Gewichtes, hauptsächlich jedoch wegen der Zunahme der Oberfläche, die dem Winde ausgesetzt war. Da der Caisson selbst 250 to, die Hebebühne mit allem, was dazu gehörte, 20 to und die Maschinenbühne 30 to wog, insgesamt 300 to, konnten, um einen Tiefgang von 6½ m zu erreichen, nur etwas über 250 to Ballast genommen werden.

Zwei an der Breitseite angebrachte, 48 Kubikmeter fassende Lufttanks sollten die Schwimmfähigkeit und Stabilität während des Transports erhöhen.

Dieser bestand aus 55 to Eisen in der Form von Eisenspänen, die unmittelbar über den Schneiden zwischen den Konsolen des Arbeitsraumes untergebracht waren. Der übrige Raum zwischen ihnen und der Decke des Arbeitsraumes wurde ausgefüllt mit Beton und Mauerwerk. Dies ergab 80 to Gewicht, und schließlich wurden 115 to Beton auf der Decke des Arbeitsraumes aufgehäuft.

Eine genaue Berechnung zeigte jedoch, daß die Stabilität besonders im Hinblick auf den von uns angesetzten Winddruck nicht ausreichte. Es war notwendig, wegen der ovalen Form des Caissons seine Schmalseiten zu verbreitern. Ohne Zuflucht nehmen zu müssen zu kostspieligen Verbreiterungen des ganzen Gründungskörpers, erhielten wir eine wirksame Vergrößerung seiner Stabilität dadurch, daß wir die Schwimmfähigkeit des Caissons durch Lufttanks erhöhten. Sie waren aus Eisen hergestellt. Ihre Abmessungen waren: Länge 8 m, Breite 2 m, Höhe 3 m.

Sie waren mit schweren Klammern an zugehörigen Ausnehmungen des Caissonmantels festgehakt und stützten so den Caisson. Jeder Lufttank war mit einer Pumpe ausgerüstet, einer Eintrittsöffnung für Wasser und einer Austrittsöffnung für Luft, und alles war so eingerichtet, daß es vom oberen Deck des Caissons gehandhabt werden konnte. Die Tanks tauchten 1 m gegenüber den 6½ m Tiefe des Caissons ein, so daß jeder von ihnen 16 m³ Verdrängung hergab, wenn der Caisson senkrecht schwamm. Wenn dieser sich durch den Winddruck neigte, tauchte der eine Tank tiefer, während der andere sich aus dem Wasser erhob. Sie wirkten somit immer dem Wind entgegen und richteten den Caisson auf. Auf diese Art wurde eine in jeder Beziehung ausreichende Stabilität erreicht, wie es das Ergebnis der Berechnung zeigte. Das Drehmoment eines Sturms mit 100 kg Winddruck auf 1 m² war berechnet zu 146 mt, und das Standmoment des Caissons erreichte den gleichen Wert bei einer Neigung von nur 7°33'9". Bei 26° Neigung des Caissons, d. h. bei einer Neigung, bei der ein Tank aus dem Wasser ganz herausgehoben wurde, betrug das Standmoment 232 mt. Um diese Neigung hervorzurufen, würde der enorme Winddruck von 160 kg/m², der einer Sturmgeschwindigkeit von 36 m/sec. entspräche, notwendig sein. Hernach verglichen wir die Stabilität des früheren Caissons mit der des unserigen, und wir stellten fest, daß der frühere bei 7½° Neigung nur ein Standmoment von 29 mt gehabt hatte im Vergleich zu unserem mit 146 mt, woraus sich ergibt, daß der Winddruck nicht in Rechnung gestellt worden war. Dies gab die Erklärung für die Schwierigkeiten bei der Überführung des Caissons. Wie aus dieser Beschreibung gesehen werden kann, war der schwierigste Teil der Arbeit die Konstruktion des Caissons und der damit verbundenen Einrichtungen, auch für das Hinausschleppen und die Absenkung usw. Ich erwähne gern, daß unser Hauptingenieur, Herr Seifert, und unser 1. Konstrukteur, Herr Backhaus, einen wesentlichen Anteil an dieser Arbeit genommen haben.

Ich fahre nun in der Beschreibung der Bauausführung fort. Nachdem Ende September 1882 der Vertrag unterschrieben war, wurde die Baustelle in Bremerhaven für den Bau des Caissons in den folgenden Monaten fertiggemacht. Am 24.11. war das Baugerüst in dem Hafenbecken fertig, um die Eisenteile des Caissons aufzurichten, die inzwischen angekommen waren. Von da an wurde in Tag- und Nachtschicht mit 120 Mann gearbeitet, und so gelang es uns, am 1. April 1883 den Caisson fertigzustellen. Der Arbeitsfortschritt entsprach den Erwartungen, und der Caisson lag mit der vorgeschriebenen Tiefe von 6½ m im Hafen zur Ausreise bereit. In der Zwischenzeit waren die erforderlichen Schiffe und Dampfer für den Bau und für das Hinausschleppen gechartert worden. Für die Arbeiter hatten wir die „Palme" als Wohnschiff gekauft. Sie wurde ausgerüstet mit 80 Betten und hatte ausgedehnte Einrichtungen zum Kochen usw. Auf ihrem Vordeck hatte sie Einzelkabinen für 2 Ingenieure und den Kapitän. Es war beabsichtigt, dieses Wohnschiff dauernd in der Nähe des Leuchtturms zu stationieren, ebenfalls den Dampfer „Solide", um die Männer nach Bremerhaven zu bringen, sobald schlechtes Wetter einsetzte. Zwei neue Segelschiffe, die „Leopoldine" und „Marie" hielten den Verkehr zwischen Schiff und Turm aufrecht. Daneben waren ständig zwei Transportsegelschiffe und der Dampfer „Otto"

Der Bau aus der Sicht der ausführenden Firma

auf dem Weg zwischen Bremerhaven und der Baustelle. Dies war die Bauflotte. Um den Caisson hinauszuschleppen, waren zwei der stärksten Dampfschlepper des Norddeutschen Lloyd gechartert worden, die „Simson" und die „Nordsee", und für Notfälle standen bereit die Dampfer „Solide", „Herkules" und „Otto".

Bei 1½ m Fließgeschwindigkeit berechneten wir den Wasserwiderstand zu 16 000 kg und die Arbeit, um den Caisson gegen diesen Strömungsdruck zu halten, zu 24 000 kg oder 320 PS, ohne den Winddruck in Rechnung zu stellen. Schleppen gegen die Strömung war deshalb ausgeschlossen, und wir hatten uns darauf zu beschränken, den Caisson mit der Ebbe hinausschwimmen zu lassen. Die Schlepptrossen mit 120 mm Durchmesser waren besonders hergestellt worden. Sie wurden an dem Caisson 3½ m unter dem Wasserspiegel angebracht.

Nach fruchtlosen Bemühungen, eine Versicherung des Caissons für die Überfahrt über 161 000 Mark in Bremen und Amsterdam unterzubringen, gelang uns dieses in London. Wir hatten uns mit der Hamburger Wetterstation in Verbindung gesetzt, und ich darf besonders die große Freundlichkeit des Geh. Admiralitätsrats Professor Dr. Neumeyer erwähnen, der versprach, uns im April und Mai während der Ausreise die täglichen Wettervorhersagen zu telegraphieren und für uns Meldungen von Wangerooge und Neuwerk einzuholen, Beobachtungsstellen in der Nähe des Roten Sandes.

Unglücklicherweise brachte der Monat April solch ungünstiges Wetter, daß am 14. April die Wetterstation empfahl, nicht vor dem 10. Mai zu starten. Nichtsdestoweniger warteten wir dann auf die passende Gelegenheit über 2 Monate. Sie können sich vorstellen, wie kostspielig dieses Stilliegen mit 80 Mann und den zahlreichen Transportschiffen, beladen mit Kohle, Wasser, Faschinen und Eisenkonstruktionen, war. Am 15. Mai wurde gutes Wetter gemeldet, aber das Wasser stieg nicht hoch genug, um aus dem Hafen herauszukommen, und danach wurde es wieder schlechter. Schließlich bekamen wir am 25. Mai günstige Nachrichten von der Wetterstation, und schnell wurden alle Vorbereitungen getroffen, Dampf aufgemacht usw., so daß am 26. Mai frühmorgens um 2.30 Uhr alles bereit war. Um 3.30 hatte die Flut eine solche Höhe erreicht, daß die Schleusentore geöffnet werden konnten, und bald danach wurde der Caisson, der mit seinem Boden die Schleusensohle erreichte und mit seinen Fluttanks die Tore überragte, aus dem Hafen herausgeschleppt.

Sofort danach wurde die deutsche Flagge auf dem Koloß gehißt. Im Außenhafen lag der Dampfer „Nordsee" bereit, um die Schlepptrosse zu übernehmen, und als dies getan war, legte sich die „Simson" vor die „Nordsee", und beide Schlepper steuerten mit vereinten Kräften in Richtung Baustelle. Die übrigen Dampfer und Segelschiffe, 9 im ganzen, begleiteten die Expedition und gaben einen imposanten Anblick ab.

Die oberste Leitung des Transportes war freundlicherweise vom Barsemeister Sellmann übernommen worden, der mit dem Fahrwasser bestens vertraut war. Ihm assistierten der Oberlotse Gerlach und der Lotse Behrend. Ein kleines Dampfboot fuhr vorweg, um das tiefste Wasser anzuzeigen, und so wurden die flachen Stellen glücklich passiert. Ruhig schwamm der Caisson die Weser mit der Ebbe hinunter und so schnell, daß wir im Dwarsgatt um 7.15 Uhr ankamen. Die Ebbe wurde nun schwächer, und da es unmöglich war, den Roten Sand bis zum Beginn der Flut zu erreichen, warfen wir Anker in der Nachbarschaft des Eversandes, um die nächste Tide abzuwarten. Gegen 11 Uhr wuchs die Flut plötzlich zu solcher Stärke, daß die Anker der beiden Schlepper „Nordsee" und „Simson" nachgaben und der Schleppzug zu treiben begann. Schnellstens wurden die Maschinen in Gang gebracht, und der Dampfer „Solide" faßte ebenfalls mit an. Sie arbeiteten mit voller Kraft, aber waren nicht in der Lage, das Zurücktreiben des Caissons zu verhindern, so daß wir uns gezwungen sahen, um 12 Uhr den „Herkules" zur Hilfeleistung heranzurufen. Den vereinten Kräften der 4 Dampfer, die über 350 PS entwickelten, gelang es schließlich, das Weitertreiben abzustoppen, und als die Flut bald danach schwächer wurde, wieder voranzukommen. So erreichten wir um 14.30 Uhr den Hoheweg-Leuchtturm, und

Vor dem Herausschleppen des Caissons 8 Wochen Wartezeit auf geeignetes Wetter. Am 26. Mai endlich war es soweit und die deutsche Flagge konnte auf dem Koloß gehißt werden...

„Unwillkürlich fesselt uns ein großes Bild. Es stellt eine ganze Flotille kleinerer Schiffe dar, die in die Nordsee hinausdampfen und eine riesengroße eiserne Trommel bugsieren. Sie kommen aus Bremerhaven an der Wesermündung und halten fünfzig Kilometer davon an einer Stelle, wo die Tiefe nur sieben Meter beträgt. Einige Ventile werden geöffnet, so daß sich die Trommel mit Wasser füllt und sinkt. Taucher umgeben sie mit Beton, und so schafft man mitten im Meer eine Klippe, ein Inselchen, auf dem man dann einen Leuchtturm errichtet, der den Schiffen den Weg nach Bremerhaven zeigt." So beschreibt, technisch nicht ganz zutreffend, Sven Hedin in seinem Buch „Von Pol zu Pol" (Leipzig 1911) den Bau des Leuchtturms Roter Sand. Das Bild, das ihn so beeindruckte, hing in Berlin, im Museum für Meereskunde. Obwohl es zusammen mit dem Museum im Bombenkrieg 1945 verschwand, kennen wir sein Aussehen aus Katalogabbildungen. Auch über den Maler sind wir informiert. Heinrich Hellhof wurde 1868 geboren, er fiel 1914. Bekannt wurde er vor allem durch Repräsentationsmalerei.

Im Jahr 1984 wurde der 99. Geburtstag des Leuchtturms Roter Sand in Bremerhaven mit einem kleinen Volksfest gefeiert. Bei einer der Veranstaltungen übergab ein Besucher, der Nordhorner Zahnarzt Dr. Horst Seydel, dem Förderverein ein Ölgemälde. Es zeigt den Schleppzug mit dem Senkkasten, der sich aus dem Kaiserhafen von Bremerhaven zum Bauplatz auf dem Roten Sand bewegt – gemalt 1903 von Heinrich Hellhof! Der Maler hatte, keine seltene Erscheinung, das gleiche Motiv mehrfach bearbeitet. Eine Version hatte die Firma Harkort erworben, die es einem Vorfahren des Spenders schenkte, weil er als Ingenieur maßgeblich am Bau beteiligt war.

So ist nach 39 Jahren im Deutschen Schiffahrtsmuseum in Bremerhaven, dem Nachfolger des Museums für Meereskunde in Berlin, wieder ein Hellhof-Gemälde vom Leuchtturmbau öffentlich zu sehen.

Siegfried Stölting

hier wurden die Anker zum zweiten Male geworfen, weil hier wegen der Breite des tiefen Wassers keine Gefahr des Abtreibens mehr vorhanden war. Zu dieser Zeit erreichte uns ein Signal vom Leuchtturm. Es bedeutete Neuigkeiten von der Wetterstation, und zwar, daß der Wind nach Norden gedreht hätte und daß sich ein Gewitter über England näherte. Bald sammelten sich Wolken, Seegang kam auf, Regen und Wind folgten, und gegen 16.30 Uhr brach ein schweres Gewitter los. Eine Reihe von Böen traf den Caisson und seine Begleitflotte, bis gegen 18 Uhr der Himmel wieder aufklarte. Wir hatten gefürchtet, daß uns dies Ungelegenheiten mit dem Caisson bereiten könnte, aber während des Sturms lag er so ruhig wie vorher. Nicht die leichteste Neigung konnte beobachtet werden, und die großen Vorzüge der Lufttanks wurden sichtbar.

Weiterfahrt an diesem Tage war unmöglich, und diese erzwungene Verzögerung war natürlich unangenehm, da der Caisson schwierig zu handhaben war. Man kann sich die Manöver vorstellen, die bei jedem Wechsel von Ebbe und Flut ausgeführt werden mußten, um jeweils Caisson und Dampfer um 180° zu drehen. Die Dampfer vor dem Caisson hatten dann den Anker zu lichten, und einer von den anderen Dampfern hatte hinter den Caisson zu gehen, um ihn herumzuziehen. Wenn dies Manöver ausgeführt worden war, ordneten sich die einzelnen Schlepper wieder vor dem Caisson ein, warfen Anker und arbeiteten mit voller Kraft, um die Anker zu unterstützen. Teilweise schwierig und gefährlich war das Heraufsteigen auf den Caisson, der 11 m aus dem Wasser herausstand.

Der nächste Tag brachte ungünstiges Wetter, so daß das Schleppen, das um 6 Uhr früh begonnen hatte, wieder aufgegeben werden mußte. Am Abend setzte das Hochwasser nach 17 Uhr ein, was zu spät war, um die Baustelle vor der Dunkelheit zu erreichen. Deshalb mußte eine zweite Nacht wartend verbracht werden, und erst am nächsten Morgen um 7.30 Uhr konnten die Anker gelichtet werden, und der Schleppzug setzte sich langsam in Fahrt hinaus auf die See. Trotz der hohen See schnitt der Koloß leicht durch die Wellen. Um 9 Uhr wurde Feuerschiff Bremen passiert, um 9.30 Uhr die gefährlichen Untiefen des Roten Sandes, und um 10 Uhr war die Stelle erreicht, wo eine Wracktonne die Position des zerstörten Caissons angab; 1100 m daneben zeigte eine schwarz-weiß-rote Tonne die Lage des neuen Turmes an. Barsemeister Sellmann und unser Oberingenieur Seifert begaben sich zum Caisson. Langsam zogen ihn die Schlepper näher und näher heran. Als die Tonne gegen 11 Uhr nur noch etwa 100 m entfernt war, wurde eine Flagge auf dem Caisson gehißt. Das war das Signal für die Dampfer, die bereitgehaltenen Anker zu werfen. Die 2 Wassereinlaßventile des Caissons wurden geöffnet, und langsam ging die Absenkung vor sich. Allmählich verschwanden die Tanks, und so sank er senkrecht und ruhig auf den Meeresgrund. Ein kaum wahrnehmbarer Stoß zeigte an, daß um 11.15 Uhr der Meeresgrund erreicht war. Zum zweiten Male wurde eine Flagge gehißt, begrüßt von dem Hurra der Arbeiter auf dem Caisson und den Schiffen.

Die Schlepptrossen wurden gelöst, und die drei großen Dampfer kehrten nach Bremerhaven zurück. Die dringendste Arbeit war nun, die Tanks zu entfernen. Diese lagen nun über 2 m unter Wasser. Deshalb war nichts von ihnen zu sehen. Jeder von ihnen hatte einen Auftrieb von 48 000 kg, dem ihr Gewicht von über 8000 kg entgegenstand. Indem die Ventile geöffnet wurden, wurde nun so viel Wasser hineingelassen, daß das Gewicht der Tanks den Auftrieb überwog, sie begannen abzusinken, und die Klammern zogen sich selbst allmählich aus den Ausnehmungen des Caissons heraus. Sobald dies erledigt war, wurden die Ventile wieder geschlossen, um die Tanks zum Aufschwimmen zu bringen. Die „Solide" schleppte den östlichen Tank zur alten Wracktonne, der andere blieb näher beim Turm an einer sicheren Stelle und begrub sich selbst bald im Sande, ohne eine Spur zu hinterlassen, trotz seiner Höhe von 8 m.

Die zunehmende Strömung, die der Caisson in seiner Umgebung hervorrief, verursachte schnell eine Auskolkung von über ½ m Tiefe, die sich erst in 100 m Abstand verlief. Daneben bildete sich während der ersten Fluttide auf der der Strömung zuge-

Nach zwei Tagen, am 28. Mai war das Ziel erreicht: 1100 Meter neben der Stelle des ersten Versuchs wurde der Caisson abgesenkt.

Zu Anfang konnten für die Betonfüllung noch keine Maschinen eingesetzt werden: 316 Kubikmeter wurden von Hand hochgeschaufelt und eingebracht.

wandten Seite eine Auskolkung von über 1 m Tiefe, durch die der Caisson eine Neigung nach Norden von 1:14½ = 4° erhielt. Während der nächsten Ebbe verschwand diese jedoch wegen der Auskolkung, die sich nun auf der Südseite gebildet hatte und eine Neigung nach Süden hervorrief. Auf diese Art neigte er sich hierhin und dorthin, kaum für das Auge wahrnehmbar, und grub sich in 4 Tagen vom 1. Juni selbst so weit in den Boden, daß die Schneiden bis auf 10,4 m unter Niedrigwasser kamen und so die Decke des Arbeitsraumes auf den Meeresgrund zu liegen kam. Auf Grund dieses Umstandes und wegen der großen Anzahl von Faschinen, die abgelassen wurden, wurde dieses natürliche Absinken langsamer, und in 11 m Tiefe hörte es ganz auf.

Die große Neigung (21°), die der alte Caisson bei der früheren Gelegenheit nach dem Absenken bekommen hatte, war verursacht worden durch die Anordnung von 2 Längs- und 2 Querträgern innerhalb des Arbeitsraumes. Die Unternehmer legten so viel Wert auf diese Unterteilung, daß sie sich nicht davon freimachen konnten und sich lieber den großen Schwierigkeiten bei der Entfernung des Bodens aus dem Arbeitsraum unterwarfen, die durch diese Unterteilung des Arbeitsraumes in 9 kleine Abteilungen mit verschiedenen Zugängen entstanden. Einer jener Herren riet uns hernach, als unser Caisson im Bau war, dringend, nicht den Einbau dieser Träger zu unterlassen – sie allein hätten seinerzeit den Caisson vor der totalen Zerstörung bewahrt. Glücklicherweise ließen wir uns nicht überreden, und der Erfolg gab unserer Meinung Recht. Als sich die Sohlenauskolkung bildete, entstanden in der Nähe der Ummantelung des Caissons mehr oder weniger tiefe Furchen, während im Caisson ein stumpfer Sandkegel verblieb. Die Form unseres Arbeitsraumes verursachte, daß die Decke des Raumes sich auf den Sandkegel auflegte, während die Ummantelung in die Furche hinunterhing. Bei dem früheren Bau wurde der Erdkegel durch die Träger daran gehindert, sich im Arbeitsraum zu bilden; so kam es allmählich zu dem Aufliegen des Caissons auf einer nur teilweisen Unterstützung. Schließlich mußte er sich nach einer Seite neigen, bis auf dieser Seite die Ummantelung den Boden der Furche berührte. So ergab sich die große Neigung von 21°, die leicht hätte größer werden und ein Kentern hätte verursachen können.

Für den Bau, der am Anfang geleitet wurde durch die Herren Kunz und Bremke und später von Herrn Bremke zu unserer vollen Zufriedenheit allein, wurden die folgenden Dispositionen getroffen:

Zuerst sollte die eiserne Ummantelung erhöht werden, jeweils, um die durch das schnelle Absenken verloren gegangene Höhe wieder zu erreichen. Gleichzeitig sollte mit der Innenbetonierung fortgefahren werden, um den Caisson durch Gewichtserhöhung zu sichern gegen Umwerfen durch Sturm und Wellen. Faschinen, Eisenkonstruktionen und Zement lagen in Schiffen bereit. Sie wurden nacheinander ausgeladen, damit neue Ladungen von Bremerhaven geholt werden konnten, was eine sehr mühselige Unternehmung war im Hinblick auf die große Entfernung von 50 km und das häufige schlechte Wetter. Hinzu kam, daß zuerst der Dampfkran nicht gebraucht werden konnte, weil die Maschinenbühne zu tief lag. Sie kurzzeitig anzuheben jedoch hätte sich ungünstig auf die Standfestigkeit des Caissons ausgewirkt. Große Mengen von Beton mußten deshalb von Hand hochgeschaufelt werden. So konnte die Auffüllung in den ersten Monaten bis zum Ende Juni nur bis 6 m über die Schneiden hochgeführt werden, was einer Füllung von 2¾ m Höhe und 316 m^3 Beton entsprach. Danach wurde die Maschinenbühne angehoben, und die normale Arbeit mit Hilfe von Dampf begann Anfang August, als der Niedrigwasserspiegel 11 m oberhalb der Schneiden lag. Im Juli konnten 575 m^3 Beton eingebracht werden, trotz häufiger Unterbrechungen, oftmals für ganze Tage. Mitte August hatten wir 1½ m über Niedrigwasser erreicht, 12½ m über den Schneiden. Die Konstruktion besaß nun bereits ein Gewicht von über 2980 to, das nahezu 5fache des Gewichts bei der Ausreise, so daß sie nun nicht mehr leicht umgeworfen werden konnte und wir es deshalb riskieren konnten, Zeit zu opfern, indem wir vor dem Einbringen des Betons die eiserne Ummantelung mit Mauerwerk hinterfüllten.

Die Sohle dieses ringförmigen Mauersteinwalls liegt bei dem fertiggestellten Turm

Der Bau aus der Sicht der ausführenden Firma

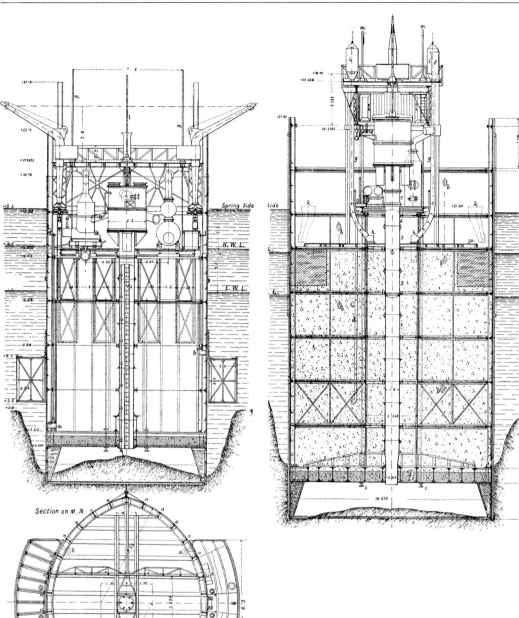

Schnitt durch den zweiten Caisson Anfang Juni 1883, wenige Tage nach dem Aufsetzen auf dem Meeresgrund (schmale Seite). Der Caisson hat sich selbst einige Meter tief in den Meeresboden eingegraben. Daneben der Stand im September 1883. Der Caisson ist bis 13,3 Meter unter der Ebbelinie niedergebracht (breite Seite).

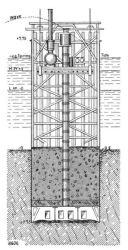
Der Bauzustand während der Herbststürme bei der ersten Ausführung. Durch Sturm zerstört am 13. Oktober 1881.

2½ bis 3 m unter dem Wasserspiegel. Am 19. 8. wurde zum ersten Male der Luftkompressor in Tätigkeit gesetzt, und nachdem der Gründungssand von 2½ m Stärke, der den Arbeitsraum ausfüllte, entfernt worden war, sank der Caisson beim weiteren Entfernen von Sand um 2 m ab, Anfang Oktober wieder um weitere 2,6 m, so daß die Schneiden nunmehr auf 15,6 m unter Niedrigwasser standen.

Als im September das Wetter immer ungünstiger wurde, so daß zu erkennen war, daß die Fertigstellung der Gründung vor dem Winter nicht möglich war, strebten wir danach, die eiserne Ummantelung so weit wie möglich zu erhöhen, damit im Hinblick auf die Absenktiefe, die Betonierung und das Einbringen von Mauerwerk das ausreichende Maß erreicht war. Am 15. 10. 1883 hatte die Schneide 15,6 m unter Niedrigwasser erreicht. Der Beton war bis zu einer Höhe von 1,1 m über Niedrigwasser = 16,7 m über der Schneide eingebracht; das Mauerwerk bis 2,5 m über Niedrigwasser = 18,10 m über der Schneide; die Maschine war auf 3,56 m über Niedrigwasser = 19,16 m über den Schneiden aufgestellt. Der obere Rand des höchsten vollständig fertiggestellten Ringes der eisernen Ummantelung und gleichzeitig der Fußboden der Wärterräume lag auf 11,16 m über Niedrigwasser = 26,76 m über der Schneide; und schließlich lag die Bühne mit den Dampfkränen und auch der oberste Rand eines weiteren Ringes der eisernen Ummantelung, der jedoch noch nicht vollständig vernietet worden war, auf 14,16 m über Niedrigwasser = 29,76 m über der Schneide.

An diesem Tage waren wir gezwungen, da eine Verbindung mit dem Turm infolge starker Südwestwinde absolut unmöglich geworden war, die Baustelle zu verlassen und zum Eversand zu gehen, um Anker zu werfen und besseres Wetter abzuwarten. Da jedoch am nächsten Morgen, dem 16. 10., der Wind und die See noch rauher wurden, gingen wir weiter zurück nach Bremerhaven und kamen hier mittags mit 2 Dampfern, dem Wohnschiff und dem Transportschiff, an.

Am 17. und 18. 10. 1883 brach ein Sturm los ähnlich jenem vom 13. 10. 1881, bei dem der alte Caisson zerstört worden war. Damals stieg das Hochwasser auf 4,9 m, aber dieses Mal auf 5,4 m über Niedrigwasser. Die Wellen zeigten ihre Zerstörungskraft jedoch weit über diesen Hochwasserstand hinaus und waren wirksam fühlbar bis 14 m über Niedrigwasser, auf welcher Höhe unsere oberste Gerüstplattform lag. Gemäß dem Bericht der 2 Wärter, die auf dem Turm am 18. 10. zurückgelassen worden waren, stürzte um 12.30, während der größten Wut des Sturmes, eine einzelne Welle über den obersten Rand, riß eine eiserne Platte 12 m über Niedrigwasser in 2 Teile und verbog 2 andere Platten zu rechten Winkeln von 1 m Höhe. Die Platten waren noch nicht vollständig vernietet, und die kleine deshalb übrig gelassene Öffnung genügte, dem Seegang zu erlauben, solche Wirkung zu zeigen. 2 Kästen mit Nieten gefüllt, jede mit einem Gewicht von 50 kg, wurden von der Flutwelle fortgespült. Der Maschinistenstand des westlichen Dampfkranes wurde erheblich verbogen, und einer der Wächter wurde, als er versuchte, aus dem Wächterraum herauszutreten, durch eine Welle zurück in den Raum geworfen. Neben der Verbindungsklappe, die immer beim Verlassen des Caissons geöffnet wurde, gab es eine andere Öffnung von 150 mm Durchmesser, durch die das Kühlwasser des Kondensators hinauslief, so daß sich der Wasserspiegel innerhalb des Caissons leicht dem äußeren Wasserstand angleichen konnte. Es klingt seltsam, aber es ist so, daß die Anzahl der Tage, die seit dem Arbeitsbeginn verstrichen war, d. h. von der Ausreise bis zum Einsetzen des Oktobersturmes, auch dieses Mal genau gleich hoch war wie jene bei der früheren Arbeit, und die Tage, an denen gänzlich oder teilweise gearbeitet werden konnte, stimmten bei beiden Unternehmungen überein.

Ein Vergleich der Zeichnungen zeigt die in beiden Fällen geleistete Arbeit, was Menge und Art anbetrifft. Die eigene Absenkung des Caissons betrug diesmal 3 m im Vergleich zu 5 m bei dem früheren Versuch, die pneumatische Absenkung 4,6 m im Vergleich mit 7,75 m, so daß er damals nur 3 m mehr pneumatisch abgesenkt worden war, eine Arbeit, die nur eine Woche benötigte, und die nicht durch schlechtes Wetter verzögert werden konnte. Diesmal waren aber 1700 m³ Beton und Mauerwerk eingebracht worden im Vergleich zu 800 m³ Beton und keinem Mauerwerk früher. Infolge unserer besseren Einrichtung war mehr als das

Doppelte getan worden bei gleich ungünstigem Wetter und im gleichen Zeitraum. Nach diesem Sturm, dem von Zeit zu Zeit ähnliche folgten, konnte während der Wintermonate nichts mehr getan werden. Um jedoch weiter den Turm zu sichern, wurde die Arbeit so weit wie möglich noch einige Zeit aufrechterhalten – wir hielten uns bereit, jeden Moment hinauszudampfen, um jeden günstigen Augenblick ausnutzen zu können. Die Luftschleuse und Maschinenbühne wurden weitere 2½ m angehoben, so daß die letztere auf +6 m über dem Wasserspiegel gesichert war. Mauerwerk und Beton wurden einen weiteren ½ m bzw. 1 m hochgeführt und eine Pintsch-Gasapparatur mit Seelaterne wurde aufgestellt, die eine Reichweite von 6–7 sm hatte. Im Hinblick auf den weiteren Verlauf der Arbeiten kann ich mich kurz fassen.

Im Jahre 1884 begann die reguläre Arbeit im Februar und dauerte bis November mit ständigen Unterbrechungen durch Wind und Wetter. Vom Beginn der Caissonabsenkung bis zur Beendigung der regulären Arbeit 1884 konnten einschließlich der Pausen für Frühstück und Mittag nur 27,4 % der ganzen Zeit für die Arbeit benutzt werden. Die Tiefe von 22 m unter Niedrigwasser wurde am 22.5.1884 erreicht, genau 1 Jahr nach dem Beginn der Absenkung. Beton und Mauerwerk hatten zur gleichen Zeit eine Höhe von 1 m über Niedrigwasser erreicht, so daß die eigentliche Gründung fertiggestellt war. Mehr als 1600 m³ Boden, nicht gerechnet die sehr beträchtliche Auffüllarbeit, waren ausschließlich durch Sandgebläse emporgehoben worden. Der Boden bestand aus einem feinen Sand, gemischt mit kleinen Muscheln. Ganz am Ende kamen wir auf Steine, die wir jedoch durch Vergraben beseitigen konnten, so daß der Dampfaufzug der Luftschleuse nicht in Tätigkeit zu treten brauchte. 2300 m³ Zement und Mauerwerk – das Material wog über 5000 to – waren von Bremerhaven zur Baustelle in 50 km Entfernung transportiert worden und hier über den Caisson um im Durchschnitt 13 m angehoben worden. Am 10.6. wurde der Bau des Gerüstes für die Entfernung der Maschinen und Kessel begonnen. Die seitliche Erhöhung des Caissons, die nun 10½ m über Niedrigwasser erreicht hatte, blieb als Schutz für den Aufbau des eigentlichen Turmes, ebenfalls einer der beiden Dampfkräne. Unter dem Schutze dieses Mantels wurde nun der Aufbau des Turmes begonnen und schritt bis November 1884 wie folgt fort:

Zuerst wurde die eigentliche Gründung 8 m hoch hergestellt, ausgemauert mit Mauerwerk bis zur Oberkante des untersten Raumes. Dieser wurde mit Mauerwerk ausgekleidet und mit einer feuerfesten Decke versehen. Dann folgten das 2. und 3. Geschoß, nämlich der Lagerraum und die Küche. Die Decke der letzteren liegt 20,9 m über Niedrigwasser. Die Wände des Wohnraumes waren nicht fertiggestellt worden, sondern hatten 3 Öffnungen an den Stellen, wo die Balkone vorgesehen waren. Mittlerweile, während der 2. Hälfte des Jahres, war erhebliche Arbeit geleistet worden zur Befestigung des Untergrundes in der Umgebung des Turmes. Vertragsgemäß hatte diese Sicherung aus einer Reihe von Faschinen ¾ m hoch und einer Steinpackung von ½ m Stärke bis zu einem Umkreis von 15 m um den Turm zu bestehen. Kolke, die sich während der Bauzeit bilden mochten, mußten verfüllt werden, so daß die angegebene Stärke des Sohlenschutzes zu kalkulieren war von der Oberkante der Stromsohle zur Zeit der Caissonabsenkung. Wie aber bereits erwähnt wurde, hatte sich am Tage nach dem Hinausschleppen des Caissons bereits die Sohle selbst um ½ m vertieft, und diese Vertiefung hatte sich im Laufe der Zeit nach Norden, Westen und Süden vergrößert auf 2–4 m bis in eine Entfernung von Hunderten von Metern vom Turm. Dieses hatte niemand vorausgesehen. Dadurch wurde neben der Auffüllung örtlicher Kolke eine Faschinenpackung von 2½–4½ m Stärke notwendig und daneben, über die Grenze von 15 m hinaus, die Anlage einer Steinböschung, die dieser Höhe entsprach. Dies verursachte enorme Schwierigkeiten. Trotz aller Anstrengungen wurden wir mit dieser Arbeit nicht im Jahre 1884 fertig und mußten sie bis August folgenden Jahres beendigen, bevor wir unser Ziel erreichten, für das wir 5000 m³ Faschinen und 600 m³ Felsblöcke benötigten.

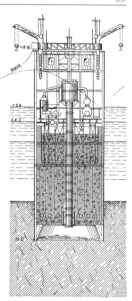

Der Bauzustand während der Herbststürme bei der zweiten Ausführung. Während des Sturms am 17. Oktober 1883.

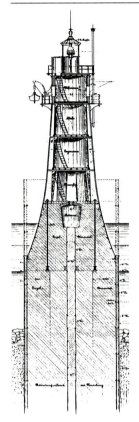

Die letzte bekannte Zeichnung vor dem Bau: Anlage I des Vertrages mit der Firma Harkort, September 1882.

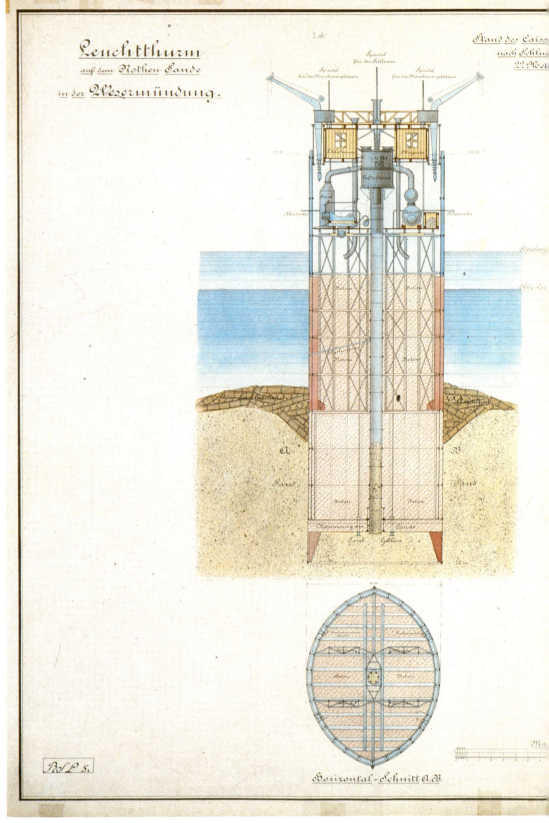

Leuchtturm Roter Sand

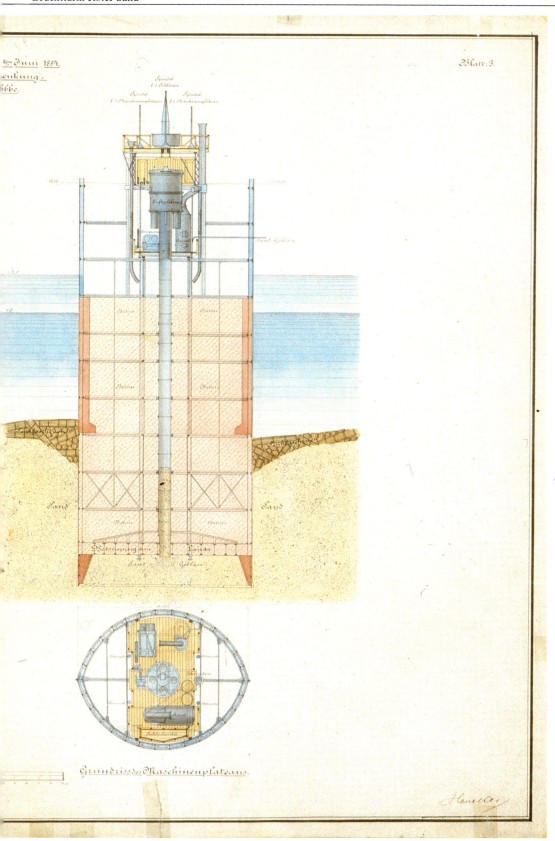

Schnittzeichnungen vom Caisson zum Zeitpunkt der endgültigen Absenkung auf 22 Meter unter Niedrigwasser am 1. Juni 1884.

Die Originale der Bauzeichnungen befinden sich im Archiv des Wasser- und Schiffahrtsamtes Bremerhaven, der Nachfolgebehörde des ehemaligen Tonnen- und Bakenamtes und im Staatsarchiv Bremen.

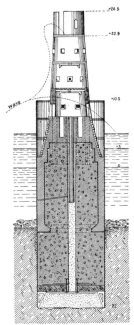

Der Bauzustand im Herbst 1884 während des Sturms am 27. Oktober.

Der übliche Oktobersturm setzte dieses Mal mit seiner Wut am 27. ein. Die Spitzen der Wellen gingen über den Schutzmantel hinweg, der nun nur noch 10½ m hoch war, und die Gischt schlug sogar durch die noch offenen Balkone in den Wohnraum im 4. Geschoß, der rd. 21 m hoch lag. Am 3. 11. 1884 wurden die Schiffe außer Dienst gestellt, aber 12 Arbeiter wurden auf dem Turm einquartiert, um die Inneneinrichtung während des Winters zu vervollständigen. Am 2. 12. kam Herr Regierungsbaumeister Körte, der vom Auftraggeber mit der Bauüberwachung beauftragt worden war, mit unserem Ingenieur für einen kurzen Aufenthalt herausgedampft, um wieder einmal die Arbeit zu inspizieren, bevor über Weihnachten mit der Arbeit ausgesetzt wurde. Sie hatten noch nicht lange den Turm bestiegen, als plötzlich schlechtes Wetter einsetzte, so daß es unmöglich wurde, ein Boot von dem Dampfer auszuschicken. Zuerst war dies ganz amüsant, aber als Tage und Wochen vergingen und wir vergeblich die größten Anstrengungen machten, um sie zu befreien, wurde die Lage sehr unangenehm, umso mehr, als signalisiert wurde, daß einer der Männer krank geworden war. Schließlich gelang es uns am 21. 12., obgleich die See noch sehr hoch ging, alle außer zweien, die mit frischen Vorräten ausgerüstet als Wächter zurückblieben, einzuschiffen. Wegen dieses Ereignisses gaben wir die Arbeit im Turm während des Winters auf. Im Baujahr 1885 wurde die Arbeit am 12. April wieder aufgenommen. Der Wohnraum mit seinen 3 Balkonen, der kuppelförmigen Laterne und der ganzen Innenarbeit wurde bis zum 10. August soweit vervollständigt, daß die Aufstellung der Beleuchtungseinrichtung vorgenommen werden konnte. Das Hauptfeuer (4. Ordnung mit Otterblenden) wurde auf 26,9 m über Niedrigwasser eingerichtet und zeigte den einkommenden Schiffen zuerst den Weg zum Turm und dann die Kursänderung, die sie hier vorzunehmen hatten, um in das Fahrwasser zum Hoheweg-Leuchtturm zu gelangen. Jeder dieser Sektoren ist durch ein Festfeuer bezeichnet, von denen das, das nach See hin scheint, einen Winkel von 7° einschließt, während das, das seinen Schein in die Weser wirft, nur einen Winkel von 3½° umfaßt. Bei jeder Abweichung aus dem festen Feuer wird dies angezeigt durch Unterbrechung des Feuers, nämlich bei Abweichung nach links in einen Sektor mit 2 Unterbrechungen, bei Abweichung nach rechts in einen Sektor mit 1 Unterbrechung. Um die Annäherung an den Leuchtturm anzuzeigen und damit die Stelle anzugeben, wo die Schiffe von dem einen festen Sektor in den anderen den Kurs ändern müssen, ist 5 m tiefer in einem der 2 Fenster ein Feuer 6. Ordnung aufgestellt, und zwar in dem Nordwestbalkon für die 1. Richtung und dann in dem Südbalkon für die 2. Richtung. Diese Feuer sind so schwach gewählt, daß sie mit bloßem Auge nur bei einer Annäherung an den Turm von 2½ sm erkannt werden können, während auf größere Entfernung sie mit dem Hauptfeuer zusammen als eine Lichtquelle erscheinen. Schließlich ist im Treppenhausbalkon auf 26 m Höhe über Niedrigwasser ein Feuer 5. Ordnung angeordnet, das den Kurs von Helgoland zur Elbemündung anzeigt. Der Turm ist mit lebhaften Farben angemalt. Der Sockel, 8 m hoch, ist schwarz und von dort an aufwärts ist jedes der 4,3 m hohen Geschosse abwechselnd weiß und rot gestrichen, wodurch der Turm bei Tageslicht auf eine Entfernung von 12 sm erkannt werden kann. Ende August konnte die Demontage des Schutzmantels durchgeführt werden. Ende September wurde das Telegraphenkabel durch das Verbindungsrohr, das zu dem Pegelrohr führt, eingeführt. Am 23. Oktober fand die offizielle Bauabnahme durch Herrn Baurat Hanckes statt, und er war so liebenswürdig, mir das Ergebnis durch das folgende Telegramm zu übermitteln:
„Ich sende Ihnen beste Grüße vom Leuchtturm Roter Sand und spreche Ihnen meine vollste Zufriedenheit aus."
So ist dieser Turm glücklich vollendet worden, der erste, der so weit hinaus in der See steht. Er steht nicht auf Felsen, aber er hat tief unter dem Meeresgrund feste Wurzeln geschlagen aus Stein und Eisen, und so steht er, sich über die unbegrenzte Wasseroberfläche erhebend, wie ein Felsen auf seinen Füßen. Am 1. 11. wurde zum ersten Male das Feuer angezündet. Möge es niemals verlöschen, und möge der Turm als Lichtquelle Jahrhunderte überdauern.

Rotesand
Wo brausend die Wogen den Turm umbranden,
und Welle und Welle sich stürzend drängt;
den Schiffern ein Gruß, die aus fernen Landen
eine sichere Hand zur Heimat lenkt;
wo der Möve Schrei die Lüfte durchzieht,
und der Sturm mit schauriger Melodie
voll Macht und Kraft singt sein trutziges Lied,
und die Wasser plätschern die Harmonie;
wo Strom und Meer sich umschlingend finden
und treue Wächter halten die Wacht,
der Heimat die Einfahrt und Ausfahrt zu künden
der eilenden Schiffe bei Tage und Nacht,
da steht, ein Wahrzeichen vom deutschen Land,
auf festem Grunde: der „Rotesand".
                    Erich Kindervater

„Unsere deutsche Hochseefischerei mit Leuchtturm Rotesand" – der Geestemünder Druck aus dem Jahr 1913 entstand nach einem Gemälde von H. Giebel.

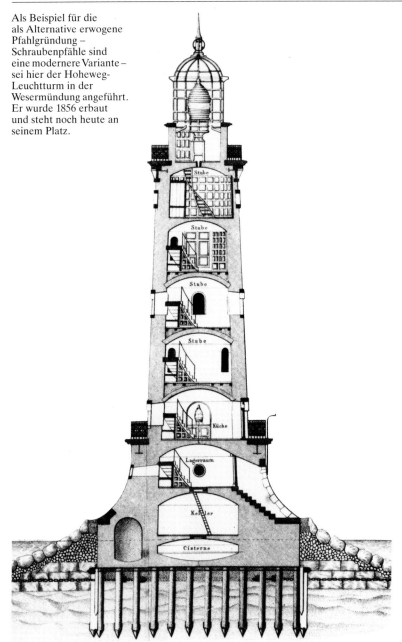

Als Beispiel für die als Alternative erwogene Pfahlgründung – Schraubenpfähle sind eine modernere Variante – sei hier der Hoheweg-Leuchtturm in der Wesermündung angeführt. Er wurde 1856 erbaut und steht noch heute an seinem Platz.

Die endgültige Projektbeschreibung, vorgelegt von Baurat Hanckes am 1. Mai 1880

Der Bau des Leuchtturms Roter Sand wird vom Bremer Senat bei Zustimmung der beteiligten Staaten Preußen und Oldenburg im Juni 1880 beschlossen. Dem Beschluß liegt eine überarbeitete Beschreibung des Gesamtprojekts von Baurat Carl Friedrich Hanckes (Bremerhaven) vom 1. Mai 1880 sowie eine im wesentlichen zustimmende Stellungnahme des Bremer Oberbaudirektors Ludwig Franzius zugrunde. (Staatsarchiv Bremen 3-T.1 Nr. 42 I (24) u. (30))
Die Projektbeschreibung von Hanckes hat – ohne die Anlagen – einen Umfang von 55 Seiten. Sie enthält Erläuterungen zum Baugrund, zur Fundierung, zu den Einzelteilen des Bauwerks, weiter Vorschläge zur Befeuerung und zur telegraphischen Verbindung, dann eine detaillierte Kostenaufstellung zu Bau und Unterhaltung (auch im Vergleich zu einem Leuchtschiff). Die Bauausführung von 1881 und 1883/85 folgt – sieht man von einigen unwesentlichen Details ab – voll und ganz diesem Entwurf. Daß dies möglich gewesen ist und die schwierige praktische Ausführung im Grunde keinerlei Revision der Planung erzwungen hat, spricht für die Meisterschaft, mit der Hanckes – und die von ihm herangezogenen Berater – ihre Aufgabe bewältigt haben.
Auf einen vollständigen oder längeren auszugsweisen Abdruck des Entwurfs von Hanckes kann hier verzichtet werden – eben weil er ausgeführt wurde und also auch in die Baubeschreibung von Otto Offergeld eingegangen ist. Wiedergegeben werden lediglich die Überlegungen zur Fundierung sowie die Schlußbemerkungen (S. 11 – 15 u. S. 52 – 55).

Schraubenpfeiler, Fundirung.

Wenn nun bei der Projectirung eines Leuchtthurms für die Wesermündung der erste Gedanke auf eine Construction mittelst Schraubenpfeiler – wie man solche in großer Anzahl und in allen Ländern ausgeführt findet – als leicht und billig zu beschaffen, hinlenken mußte, so konnte diese Idee doch nicht festgehalten werden, weil die Verhältnisse für eine derartige Construction zu ungünstig liegen.

Ein Vergleich mit den meisten solcher sich bewährt habenden Leuchtthürme auf Schraubenpfeiler hat ergeben, daß diese, sowohl in Bezug auf die vorhandene Wassertiefe als auch in Hinsicht auf See- und Eisgang wesentlich günstiger placirt sind.

Trotzdem ist der Betrieb der Thürme auf Schraubenpfählen keineswegs fortwährend ein ungestörter gewesen und es kommen verschiedentliche Fälle vor, wo in Folge eingetretener Beschädigungen die Wärter zeitweise und bis nach beschaffter Reparatur von den Bauwerken haben entfernt werden müssen.

Auch ist z. B. nach dem Jahresbericht über die amerikanischen Leuchtthürme der auf Schraubenpfählen fundirte Leuchtthurm „Hooper" an der Chesapeake Bay im Jahre 1877 total vom Eise zerstört worden.

Derartige Vorkommnisse mögen auch Veranlassung gegeben haben, daß u. a. ein auf Schraubenpfeilern projectirter Thurm zu Craighills Channel an der Chesapeake Bay in dieser Construction nicht zur Ausführung gelangte und man dafür später auf einen massiven Bau kam.

Aus allem Diesen dürfte hervorgehen, daß so verlockend, weil leicht und billig zu beschaffen, diese Schraubenpfahl-

fundirung auch ist, dieselbe doch mit Vorsicht angewendet werden muß, namentlich wo größere Wassertiefen und Eisgang auftreten. Ich kann daher der Errichtung eines Leuchtthurmes nach diesem System an der dafür in Aussicht genommenen Baustelle entschieden nicht das Wort reden. Dagegen würde ich für einen Thurmbau auf dem Eversande, auf der Mellum, auf Meyer's Legde oder auf einer anderen ähnlichen Plate, die Errichtung desselben auf Schraubenpfeilern als das allein Richtige und als eine vollkommen sichere Anlage bezeichnen müssen.
Somit kann es nicht zweifelhaft sein, daß man im vorliegenden Falle nur durch Masse oder todtes Gewicht, den Elementen kräftig und sicher wird entgegen wirken können. Von diesem Standpuncte aus kann ich nur den Bau eines Leuchtthurms mit durchaus massiven Unterbau in Vorschlag bringen der in jeder Beziehung zuverlässig sein wird und dessen Ausführung mittelst einer pneumatischen Fundirung sicher zu beschaffen ist.
Bei einer solchen Constructionsweise werden sich auch alle Gerüste, deren Herstellung nicht nur schwierig und kostspielig, sondern deren Haltbarkeit bei der vorhandenen großen Wassertiefe und den sonst ungünstigen Verhältnissen auch angezweifelt werden kann, vermeiden lassen.
(…)
(Schlußbemerkungen)
Mit diesem glaube ich die Frage wegen der Erbauung eines Leuchtthurmes in der Wesermündung vollständig und, wie ich glaube, in richtiger und ausführbarer Weise gelöst zu haben. Die Ausführbarkeit des Projectes hat wenigstens von keiner Seite Widerspruch erfahren.

Nicht minder läßt sich auch die Ausführung des Thurms vom financiellen Standpunct rechtfertigen. Der Bau desselben erfordert von Haus aus zwar mehr Geld als für das Auslegen eines Leuchtschiffes erforderlich, aber der Nutzen den der Thurm gewähren wird, wird auch ein viel bedeutenderer sein und zudem werden die größeren Anlagekosten durch die geringere Unterhaltungslast sehr bald ausgeglichen.

Gegen den Bau eines Thurmes kann nur sprechen, daß erfahrungsmäßig eine Versetzung des Fahrwassers möglich gedacht werden kann, wobei allerdings der Thurm an Werth verlieren könnte. Auf derartige Eventualitäten muß man sich jedoch bei jedem Thurmbau in einem Revier wie die Weser gefaßt machen.

Ganz würde der Thurm seinen Werth indeß nie verlieren und selbst bei der größten Revolution die in Bezug auf eine Versetzung der Sände in der Wesermündung gedacht werden kann, würde der Thurm ein höchst schätzenswerthes Seezeichen für die Schifffahrt doch stets verbleiben.

Die Veränderungen in den Strommündungen sind allerdings unberechenbar, allein z. Z. liegen doch keinerlei Umstände vor, welche eine Versetzung des Fahrwassers neben der intendirten Baustelle vermuthen lassen könnten und läßt sich darnach das Prognostikon stellen, daß der projectirte Leuchtthurm zum Heile der Schifffahrt, dieser noch viele, viele Jahre als direct anzusegelnder Punct und als sicherer Leitstern wird dienen können. Hanckes.

Dieses Schriftstück (Staatsarchiv Bremen 3-T.1.Nr.42 I(21)) trägt drei Handschriften. Es geht vor allem um die Größe und die Befeuerung des geplanten Leuchtturms Roter Sand. In dem eigentlichen Schreiben – auf der rechten Spalte – plädiert der Hafenbaudirektor von Bremerhaven und Hauptplaner des Leuchtturms, Carl Friedrich Hanckes, für eine Höhe des Feuers von etwa 25 m über Ebbelinie und eine Lichtstärke IV. Ordnung. Der Bremer Bürgermeister Otto Gildemeister, als Vorsitzender des Tonnen- und Bakenamtes, läßt Hanckes Schreiben vom 31. 12. 1879 ab dem 1. 1. 1880 im Bremer Tonnen- und Bakenamt „circuliren" – so seine Anweisung links oben auf dem ersten Blatt. Dann bittet er – in einer zweiten Anweisung, ebenfalls links oben auf dem ersten Blatt – den Bremer Oberbaudirektor Ludwig Franzius um eine Stellungnahme. Franzius trägt seine Anschauungen jeweils in die linke Spalte ein, und es wird deutlich, daß er Hanckes' Ansichten im Hinblick auf die Höhe und die Befeuerung des Leuchtturms nicht ganz teilt und alles lieber etwas größer dimensioniert hätte. Der zweite Teil des Textes von Hanckes ist offensichtlich nachträglich, im Anschluß an die Stellungnahme von Franzius, geschrieben worden. Das Bauwerk wird dann im Prinzip den von Hanckes entwickelten Vorstellungen entsprechen.
Eine erste Ausarbeitung des Gesamtprojektes war dem Bremer Senat schon im April 1879 von Hanckes vorgelegt worden. In dem damaligen Entwurf war der sogenannte Rote Grund als Standort vorgesehen.

*pr. 1/1. 80.
Zunächst in Circulation zu setzen bei den
Herren des T. u. B.A.
G
repr. 8/1.80.* nach erfolgter Circulation, u.
geht nunmehr an Herrn Oberbaudirector
Franzius mit dem erg. Ersuchen um
Rücksendung nach genommener Einsicht,
resp. Prüfung.
Ich werde demnächst eine Sitzung der
Behörde zur Feststellung des Programms
für die Erarbeitung des Projects
veranlassen, und darf mir vorbehalten
Herrn O.B.Director zu derselben einladen
zu lassen.
Gildemeister

An
den Vorsitzer des Tonnen- und Baken-Amts
Herrn Bürgermeister Gildemeister
Magnificenz.
zurück. Obgleich der vorliegende Bericht
bereits bei den Mitgliedern des Tonnen- und
Baken-Amts circulirt und vielleicht
die Ansicht derselben mehr oder weniger
bestimmt hat, so erlaube ich mir doch
zur Vervollständigung der Acten meine
abweichenden Ansichten im Nachstehenden
ad marg. zu äußern.
Ergebenst
Franzius.
10/1.80.

Bremerhaven, den 31. Decbr 1879
An das Tonnen und Bakenamt
zu Händen des Herrn Vorsitzenden
Herrn Bürgermeister Gildemeister
Magnificenz.
In einer am 24.Mai d.J. unter Zuziehung
verschiedener Sachverständigen
abgehaltenen Sitzung des Tonnen und
Bakenamts wurde die Frage, ob der für
die Wesermündung in Aussicht
genommene Leuchtthurm an der Kante
des rothen Grundes, oder an der des
rothen Sandes zu erbauen sei, fast
einstimmig zu Gunsten des letzteren
entschieden. Ich bestätigte damals meine
schon früher ausgesprochene Ansicht, daß
auch am rothen Sande ein Leuchtthurm
in vorgeschlagener Weise, allerdings
mit größeren Schwierigkeiten und unter
Aufwand größerer Geldmittel zu
erbauen sei und stehe nach den inzwischen
weiter gesammelten Beobachtungen
und Erfahrungen auch noch heute auf
diesem Standpuncte.

*Ueber die Lage des Thurms darf ich mich
auf meine Revisionsbemerkungen
vom 13. Mai v. J. beziehen, wonach ich nur
den rothen Sand für die geeignete Stelle
halte.*
Für die neu auszuarbeitende Vorlage dürfte
dieser Punct daher als fest vereinbart
anzusehen sein. In gleicher Weise wird aber
auch im Voraus über die Fragen
bezüglich der Thurmhöhe, sowie der
Lichtstärke zu entscheiden sein, welche
Gegenstände in der Sitzung vom 24. Mai
unerledigt blieben.
Herr Oberbaudirector Franzius hält in
seinem Exposé vom 13. Mai d.J. für
den Thurm eine Höhe von 28 – 30 Meter
und für das Licht ein solches II oder
III Ordnung erforderlich.
Diesem kann ich nicht zustimmen. Ein zu
weit sichtbares Licht, was dazu nur
für das Einlaufen in die Weser dienen soll
kann nur Irrthum hervorrufen. Das von mir
vorgeschlagene Feuer IV Ordnung,
welches noch über das Aussenleuchtschiff
„Weser" hinaus sichtbar ist, dürfte
jedenfalls genügen.
Die Höhe des Thurms anlangend, so will
ich mich gern mit dem höhern Aufbau
einverstanden erklären, empfehle jedoch
über die neben sczzirten Abmessungen
nicht hinauszugehen und das Licht
darnach auf ca 25 Meter über Ebbelinie zu
placiren.

*Diese Höhe von 28 – 30 Meter halte ich auch
jetzt noch aus dem in den Revisions-
Bemerkungen angegebenen ersten Grunde
– wegen der Bedeutung des Thurmes –
für erwünscht.
Daß ein Feuer von größerer Sichtweite, als
die projectirte, nur Irrthum hervorrufen
werde, ist mir nicht verständlich.
Eine gehörige Verschiedenheit des Lichtes
von benachbarten Lichtern vorausgesetzt,
dient die größere Sichtweite ganz besonders
zur sicheren, namentlich rechtzeitigen
Ortsbestimmung.
Nach der Seekarte ist gerade für die Weser-
Mündung eine größere Sichtweite des
ersten Feuers sehr erwünscht.*

Höher oder lieber doch
nicht so hoch,
heller oder lieber doch
nicht so hell –
Baurat Hanckes und
Oberbaudirektor Franzius
(1879/80).
Der Grundtext von Baurat
Hanckes ist in der
Umschrift geradstehend
gesetzt, die im
Original seitlich an-
gebrachten Bemerkungen
sind kursiv an den
entsprechenden Stellen
eingefügt.

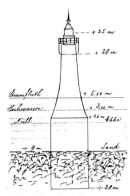

Diese Randzeichnung im Hanckes'schen Schreiben veranschaulicht die vorgesehenen Abmessungen. Die Maße und der Habitus der späteren Ausführung weichen nur unwesentlich von dieser Idee ab.

Herr Oberbaudirector Franzius scheint die Höhe der Wellen, sowie die Brandung oder das Hinauflaufen an dem, wenig Widerstand bietenden, runden Thurm entschieden überschätzt zu haben.
Ich berufe mich dabei zugleich auf das Urtheil verschiedener Sachverständigen, welche ich, in Gemäßheit unserer mündlichen Beredung vom 18. d.M. in dieser Angelegenheit einzeln um ihre Ansichten befragt habe und wovon ich die betreffenden Schreiben beizufügen mir erlaube.
Die Herren Sachverständigen nehmen an, daß die Welle über das Maß ihrer eigenen Höhe hinaus keinesfalls an den Thurm hinauflaufen werde, von Spritzwasser natürlich abgesehen, das auch noch über 50 m in die Höhe gehen kann.
Es ist, unter Reduction der verschiedenen Maße auf Metermaß, nun anzunehmen, daß die Wellen an den Thurm hinauf laufen können nach

Lootsencdr. Hasse bis + 13,0 m
Inspector Wencke bis + 11,9 m
Oberloots Sippel bis + 14,2 m
Bugsir-Gesellsch. „Union" bis + 12,5 m

Der Capitain Jachens vom Leuchtschiff „Bremen" welcher seit vielen Jahren Gelegenheit hatte die Wellenbewegungen in der Wesermündung zu beobachten äußert sich über die Sache in gleicher Weise.
Da nun in angefügter Scizze die Unterkante des Wohnraums auf + 20,0 m und die Gallerie auf + 23,0 m sich befindet so dürften diese Höhenlagen eine genügende absolute Sicherheit gewähren.
Hochachtungsvoll
Hanckes.

Die nebenstehenden Äußerungen verschiedener nautischer Sachverständigen bestätigen meine Befürchtung, daß an dem nur 14 m über Hochwasser hohen Thurm die Gallerie und Laterne ze(r)schlagen und das Licht verdunkelt werden würde.
Diese Gefahr ist allerdings bei der nunmehr in obiger Skizze angenommenen Höhe des Thurmes nicht mehr so groß und kaum für eine weitere Erhöhung noch maßgebend Indessen ziehe ich wegen der größeren Sichtweite auch jetzt noch die von mir angegebene Höhe vor, zumal dadurch die Kosten wenig vermehrt werden.
Fr.

Br. m. zurück an
Herrn Bürgermeister Gildemeister
Magnificenz
Indem ich mir weitere Bemerkungen für die Sitzung am 24. d. vorbehalte, will ich heute nur darauf hinweisen, daß man von Haus aus ja nur ein Leuchtschiff für die Wesermündung ins Auge gefaßt hatte, und, daß dieses, nach Ansicht aller Nautiker auch genügt haben würde. Man gab aber später einem Thurm den Vorzug, weil dieser eine größere Sicherheit bietet. Die Feuer von Leuchtschiffen stehen aber gewöhnlich 10 – 12 m über Hochwasser und ragen über dies Maß nicht hinaus.
Das Auflaufen der Wellen an einem Thurm wird m.E. von dem Herrn Oberbaudirector Franzius entschieden überschätzt.
Ich erachte die zuletzt angenommene Höhe von 25 m über 0 oder 22 m über Hochwasser für hin reichend genügend und würde Nichts dagegen einzuwenden haben, wenn man solche etwas reduciren wollte.
Die Thürme an der Themse-Mündung „Gunfleet" & „Maplin" haben das Licht nur 12,5 m resp. 11,0 m über Hochwasser brennen.
In der Chesapeak Bay beträgt die Lichthöhe auf

York Spit 11 m über Hochw.
Wolf Trapp 11 m über Hochw.
Windmill 11 m über Hochw.

Diese letztern Thürme stehen auf durchschnittlich 12 Fuß Wasser mitten in der 12 Seemeilen breiten Bay und werden hier wohl nicht weniger Seegang auszustehen haben als ein Thurm in der Wesermündung.
Endlich erlaube nur noch anzuführen, daß der vielgenannte und äußerst exponirte „Eddystone" sein Licht nur auf 22 m über Hochwasser hat und die Höhe bei unserm Thurm der des Eddystone also gleich kommen würde.
Hochachtungsvoll
Hanckes

Erster Vertrag zum Bau des Leuchtturms
Zwischen dem Tonnen- und Bakenamte zu Bremen, vertreten durch den Vorsitzer und den Rechnungsführer des Amts einerseits und den Herren Bavier, Kunz & Weiß in Bremen andererseits ist der folgende Vertrag abgeschlossen worden. (...)

Der erste Vertrag zum Bau des Leuchtturms Roter Sand (Staatsarchiv Bremen 3-T.1.Nr. 42 I (66) wurde am 12. November 1880 in Bremen zwischen dem Tonnen- und Bakenamt Bremen und der Firma Bavier, Kunz & Weiß geschlossen. Dem eigentlichen Vertrag ist als Anlage I eine Baubeschreibung beigegeben, wie sie sich auch dem Bericht von Otto Offergeld „Der Leuchtturm Roter Sand – über den Bau des Leuchtturms in der Nordsee" entnehmen läßt. Weiter findet sich als Unteranlage I eine Aufstellung über das „Inventar für den Leuchtthurm auf dem ‚Rothen Sande'". In Faksimile und Umschrift wird der Abschnitt 16 des Vertrags wiedergegeben, der für das Schicksal des ersten Gründungsversuchs entscheidende Bedeutung hatte. Denn die Firma Bavier, Kunz & Weiß war eine Neugründung, einer der Gesellschafter war zuvor bei der Firma Harkort als Ingenieur mit der Ausarbeitung des Projekts befaßt gewesen.

16.
Die Zahlung des Preises (§ 14) (455 000 Mark) und die Rückgabe der gestellten Sicherheit (120 000 Mark) an die Unternehmer geschieht zu den folgenden Terminen und in den folgenden Beträgen:
Erster Termin, wenn der Caisson in Bremerhaven zur Ausfahrt nach der Baustelle fertig montirt ist, Abschlagszahlung 50 000 Mark.
Zweiter Termin, wenn der Caisson ausgeflößt und 3 m tief an Ort und Stelle glücklich versenkt ist, Abschlag 50 000 Mark, zurückzugebende Caution 20 000 Mark.
Dritter Termin, wenn der Caisson weitere 2 m tiefer versenkt ist, Abschlag 10 000 Mark.
Vierter Termin, wenn der Caisson weitere 2 m tiefer versenkt ist, Abschlag 20 000 Mark.
Fünfter Termin, wenn der Caisson weitere 2 m tiefer versenkt ist, Abschlag 20 000 Mark.
Sechster Termin, wenn der Caisson weitere 2 m tiefer versenkt ist, Abschlag 30 000 Mark.
Siebenter Termin, wenn der Caisson weitere 2 m tiefer versenkt ist, Abschlag 50 000 Mark.
Achter Termin, wenn der Unterbau auf die ganze Tiefe versenkt ist, auch das Schutzwerk ganz fertig ist, Abschlag 80 000 Mark.
Neunter Termin, wenn der Oberbau bis +7 m ganz fertiggestellt ist, Abschlag 60 000 Mark, Caution 20 000 Mark.
Zehnter Termin, wenn das ganze Thurmgerüst aufgestellt und verkleidet ist, Abschlag 20 000 Mark, Caution 20 000 Mark.
Elfter Termin, wenn der ganze Bau fertig abgeliefert worden ist, Abschlag 65 000 Mark, Caution 50 000 Mark.
Zwölfter Termin, ein Jahr nachdem der ganze Bau abgenommen ist, Caution 10 000 Mark.
Summe der Abschlagszahlungen 455 000 Mark, der zurückzugebenden Cautionen 120 000 Mark.
Diese Abschlagszahlungen und die Rückgabe der gestellten Sicherheit erfolgen auf Grund einer von den Unternehmern beizubringenden Bescheinigung der Hafenbaudirektion in Bremerhaven, daß die Arbeiten den obigen Bestimmungen gemäß gefördert sind.

Dokumente zur Planung und zum Bau

[Handschriftliche Tabelle mit Abschlagszahlungen und Sicherheitsgelder in Mark:]

	Abschlagszahlung	Sicherheitsgeld Caution
Erster Termin, wenn der Caisson in Bremerhaven zur Ausfahrt nach der Baustelle fertig montirt ist	50 000	
Zweiter Termin, wenn der Caisson ausgeflößt und 3 m tief an Ort und Stelle glücklich versenkt ist	50 000	20 000
Dritter Termin, wenn der Caisson weiter 2 m tiefer versenkt ist	10 000	
Vierter " " " " " 2 m " "	20 000	
Fünfter " " " " " 2 m " "	20 000	
Sechster " " " " " 2 m " "	30 000	
Siebenter " " " " " 2 m " "	50 000	
Achter " , wenn der Unterbau auf der ganzen Höhe versenkt, auch das Schützwerk ganz fertig ist	80 000	
Neunter " , wenn der Oberbau bis +7 m ganz fertig gestellt ist	60 000	20 000
Zehnter " , wenn das ganze Thorgerüst aufgestellt und verkleidet ist	20 000	20 000
Elfter " , wenn der ganze Bau fertig abgeliefert worden ist	65 000	50 000
Zwölfter " , ein Jahr nachdem der ganze Bau abgenommen worden ist		10 000
	455 000	120 000

[Weiterer handschriftlicher Text folgt, Abschnitte 17 und 18.]

Die neugegründete Firma hatte mit einem sehr niedrigen Angebot die Firma Harkort unterboten, verfügte dabei aber über keine nennenswerten Kapitalreserven, so daß sie unmittelbar auf die Abschlagszahlungen des Auftraggebers angewiesen war. Weil diese Abschlagszahlungen an die Absenkungstiefe des Caissons gebunden waren, mußte die Firma das Absenken forcieren. Dagegen wurden die Erhöhung der Wände des Caissons und die Verfüllung mit Beton vernachlässigt. Im Oktober 1881 standen die Wandoberkanten des Caissons lediglich 7,75 m über Niedrigwasser, die Verfüllung des Bauwerks hörte auf der Höhe des Meeresgrundes auf. Am 31. 10. 1881 schlugen die Wellen in den Caisson hinein, so daß schließlich der Stahlmantel 2,5 m über Meeresgrund abriß und das Unternehmen gescheitert war.

Inventar
für den Leuchtthurm auf
dem „Rothen Sande“
a, gewöhnliches Mobiliar
1 eis. Ofen mit kupf. Rauchrohr
2 Schränke (sog. Spinntjes)
2 amerik. Wanduhren
6 Rohrsessel
2 Tische
1 Waschtisch mit 2 Waschkummen
1 Petroleumlampe
1 kleine do.
2 mess. Leuchter
1 Handlaterne
3 Wassereimer
1 Wasserbalje
1 amerikan. Besen
2 Fensterbürsten
2 Leuwagen
2 Dweidel
2 Müllschaufeln
1 Handfeger
1 Spucknapf von Metall
2 eiserne Kohlenschaufeln
1 Kohlenbehälter
2 große Blechtrommeln für Mehl
1 Holzsäge
1 Brodkiste
1 Backtrog
2 Wachstuchdecken
1 Dtz. Handtücher
1 Dtz. Küchenhandtücher
1 Dtz. Wischtücher
1/2 Dtz. Tischtücher
2 Nachttöpfe
b, Kücheninventar
1 Sparherd m. kupf. Rauchrohr
2 Feuerzangen
2 Poker
2 Kohlenkasten
2 kl. Schaufeln
1 Holzkasten
1 Pfanne zum Brodbacken
1 Bratpfanne
1 Brattopf
3 kupf. Kochtöpfe
1 kupf. Wasserkessel
1 Pfannkuchenpfanne
1 Kaffeebrenner
1 Kaffeemühle
1 Kaffeetrommel
1 Theetrommel
1 porzel. Kaffeekanne
1 porzel. Theetopf
1 blech. Kaffeekanne
1 blech. Theetopf
1 Sieb
1 blech. Puddingform
1 Trichter
1 Wassermuck von Metall
6 Paar Messer u. Gabeln
6 Stck. eis. verz. Eßlöffel
6 Stck. eis. verz. Theelöffel
1 Stck. eis. verz. Suppenlöffel
1 Brodmesser
1 Pfeffermühle
1 Pfefferdose

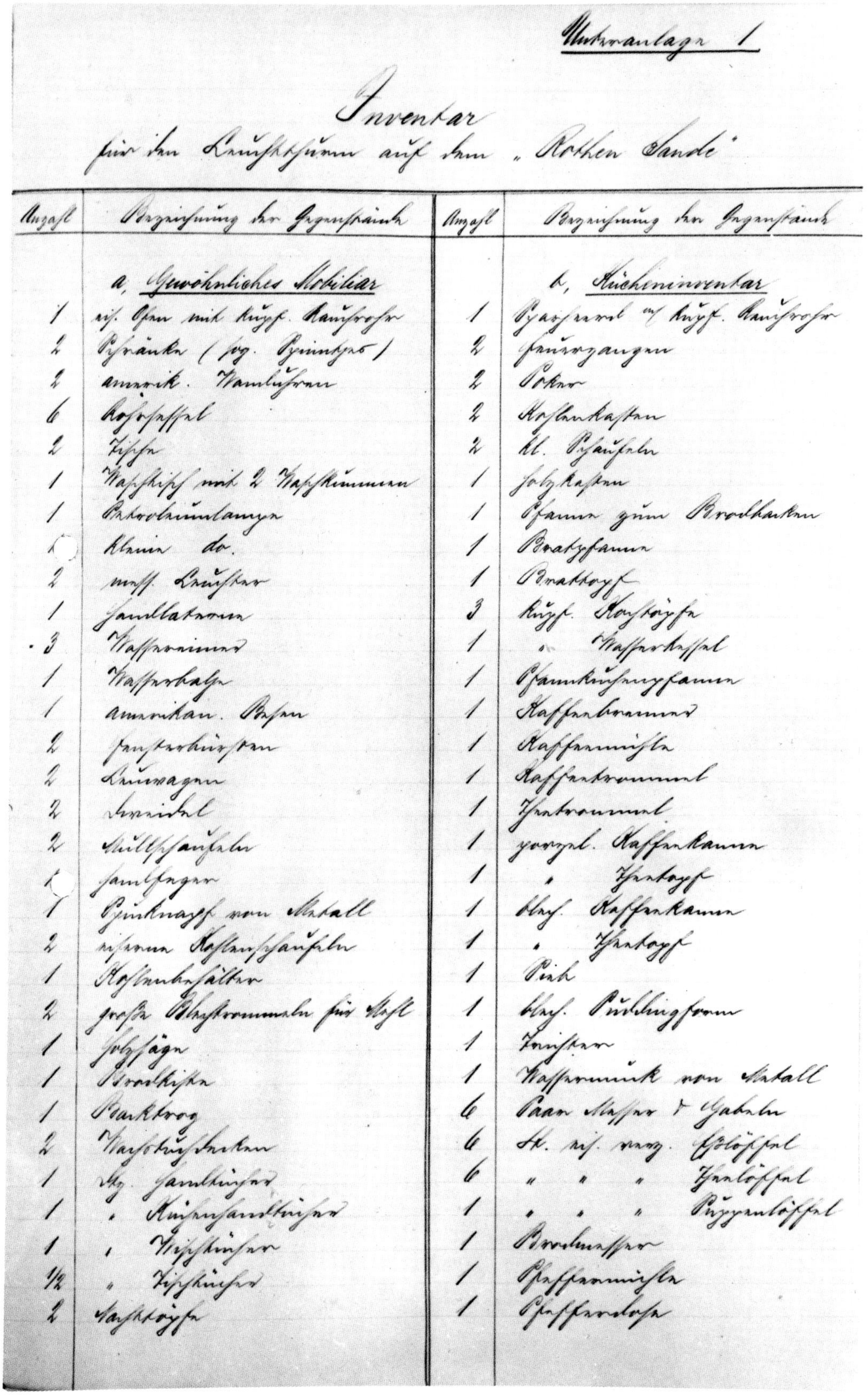

Unterlage 1

Inventar
für den Leuchtthurm auf dem „Rothen Sande“

Anzahl	Bezeichnung der Gegenstände	Anzahl	Bezeichnung der Gegenstände
	a, Gewöhnliches Mobiliar		b, Kücheninventar
1	eis. Ofen mit kupf. Rauchrohr	1	Sparherd m. kupf. Rauchrohr
2	Schränke (sog. Spinntjes)	2	Feuerzangen
2	amerik. Wanduhren	2	Poker
6	Rohrsessel	2	Kohlenkasten
2	Tische	2	kl. Schaufeln
1	Waschtisch mit 2 Waschkummen	1	Holzkasten
1	Petroleumlampe	1	Pfanne zum Brodbacken
1	kleine do.	1	Bratpfanne
2	mess. Leuchter	1	Brattopf
1	Handlaterne	3	kupf. Kochtöpfe
3	Wassereimer	1	" Wasserkessel
1	Wasserbalje	1	Pfannkuchenpfanne
1	amerikan. Besen	1	Kaffeebrenner
2	Fensterbürsten	1	Kaffeemühle
2	Leuwagen	1	Kaffeetrommel
2	Dweidel	1	Theetrommel
2	Müllschaufeln	1	porzel. Kaffeekanne
1	Handfeger	1	" Theetopf
1	Spucknapf von Metall	1	blech. Kaffeekanne
2	eiserne Kohlenschaufeln	1	" Theetopf
1	Kohlenbehälter	1	Sieb
2	große Blechtrommeln für Mehl	1	blech. Puddingform
1	Holzsäge	1	Trichter
1	Brodkiste	1	Wassermuck von Metall
1	Backtrog	6	Paar Messer u. Gabeln
2	Wachstuchdecken	6	St. eis. verz. Eßlöffel
1	Dtz. Handtücher	6	" " " Theelöffel
1	" Küchenhandtücher	1	" " " Suppenlöffel
1	" Wischtücher	1	Brodmesser
1/2	" Tischtücher	1	Pfeffermühle
2	Nachttöpfe	1	Pfefferdose

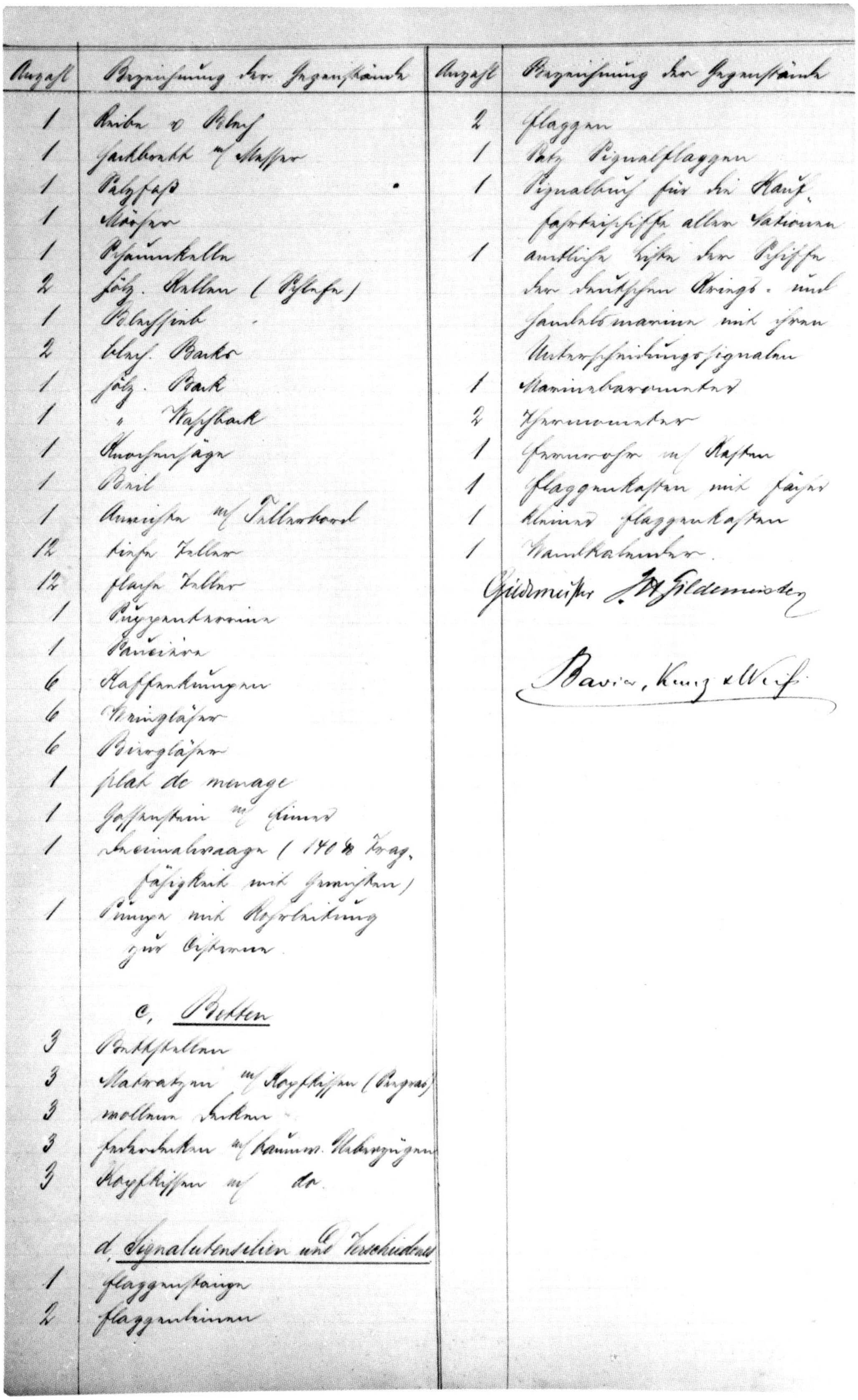

1 Reibe von Blech
1 Hackbrett m. Messer
1 Salzfaß
1 Mörser
1 Schaumkelle
2 hölz. Kellen (Schlefe)
1 Blechsieb
2 blech. Backs
1 hölz. Back
1 hölz. Waschback
1 Knochensäge
1 Beil
1 Anrichte mit Tellerbord
12 tiefe Teller
12 flache Teller
1 Suppenterrine
1 Sauciere
6 Kaffeekumpen
6 Weingläser
6 Biergläser
1 plat de menage
1 Gossenstein m. Eimer
1 Decimalwaage
  (140 Pfd. Tragfähigkeit
  mit Gewichten)
1 Pumpe mit Rohrleitung
  zur Zisterne

c, <u>Betten</u>
3 Bettstellen
3 Matratzen m. Kopf-
  kissen (Seegras)
3 wollene Decken
3 Federdecken m. baumw.
  Überzügen
3 Kopfkissen m. do.

d, <u>Signalutensilien u.
  Verschiedenes</u>
1 Flaggenstange
2 Flaggenleinen
2 Flaggen
1 Satz Signalflaggen
1 Signalbuch für die
  Kauffahrteischiffe aller
  Nationen
1 amtliche Liste der
  Schiffe der deutschen
  Kriegs- und
  Handelsmarine mit
  ihren Unterscheidungs-
  signalen
1 Marinebarometer
2 Thermometer
1 Fernrohr m. Kasten
1 Flaggenkasten mit
  Fächer
1 kleiner Flaggenkasten
1 Wandkalender

Gildemeister
J. H. Gildemeister
Bavier, Kunz & Weiß

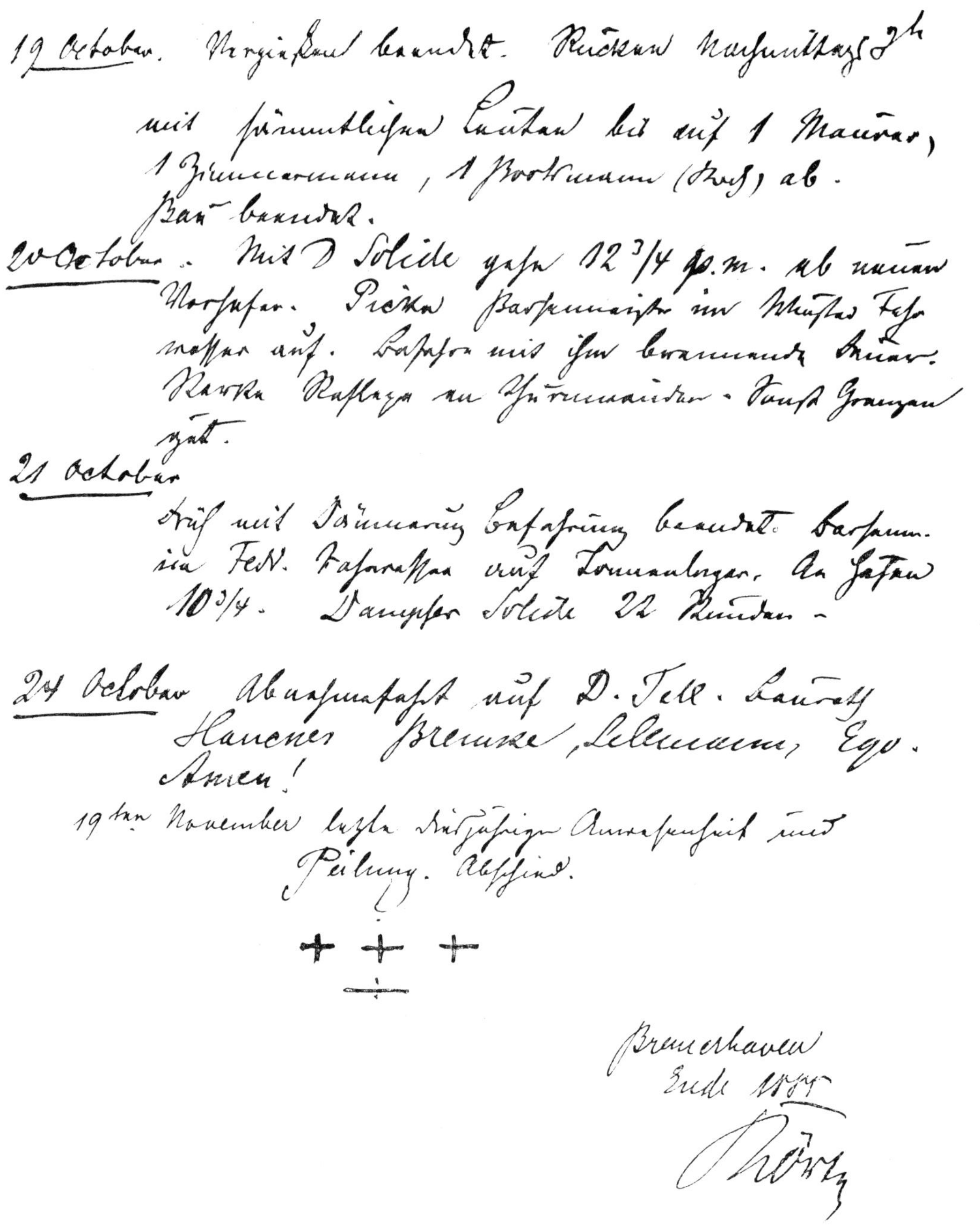

Walter Körte:
Leuchtthurmbau
auf dem Rothen Sande
(1883 – 1885).
Band 2. Blatt 30f.
19 October. (1885)
Vergießen beendet.
Rücken Nachmittags 3 h
mit sämmtlichen
Leuten bis auf 1 Maurer,
1 Zimmermann,
1 Bootsmann (Koch)
ab. Bau beendet.
20 October
Mit D(ampfer) Solide
gehe 12¾ p.m. ab
neuen Vorhafen.
Picke Barsemeister im
Wurster Fahrwasser
auf. Befahre mit ihm
brennende Feuer.
Starke Reflexe an Thurm-
wänden. Sonst Grenzen
gut.
21 October
früh mit Dämmerung
Befahrung beendet.
Barsem(eister) im Fedd.
Fahrwasser auf
Tonnenleger. An Hafen
10¾. Dampfer Solide
22 Stunden.
24 October
Abnahmefahrt
auf D(ampfer) Tell.
Baurath Hanckes.
Bremke, Lehmann, Ego.
Amen!
19ten November
letzte diesjährige
Anwesenheit und Peilung.
Abschied.

(Drei Kreuze)

Bremerhaven
Ende 1885
Körte

"Amen!"
Beim zweiten, erfolgreichen Versuch, auf dem Roten Sand einen Leuchtturm zu errichten, lag die örtliche Bauleitung in Händen des Regierungs-Baumeisters Walter Körte, Bremerhaven. Körte hat den Fortgang des Baus in einer großformatigen Kladde mit der Aufschrift „Leuchtthurmbau auf dem Rothen Sande" festgehalten. Auf der ersten Seite steht in großen Druckbuchstaben „Mit Gott!" Die sehr detaillierten täglichen Aufzeichnungen, in denen jede Witterungsveränderung, jede Dampferbewegung, jeder Arbeitsfortschritt festgehalten wird, werden gelegentlich von zusammenhängenden Ausführungen zum Stand der Arbeiten abgelöst. Insgesamt ist das Bautagebuch von Walter Körte zu stichworthaft und mit seinen unzähligen Routineeintragungen zu sehr auf den damaligen Zweck bezogen, als daß eine Wiedergabe angebracht wäre. Lediglich die Schlußeintragungen sollen angeführt werden.

Vierschornsteindampfer, den Roten Sand passierend, Lithographie von Walter Suhling.

Karl Friedrich Hanckes

Karl Friedrich Hanckes

Als Karl Friedrich Hanckes, der 1829 in Lehe geboren wurde, am 23. August 1878 vom Tonnen- und Bakenamt in Bremen den Auftrag erhielt, einen Entwurf für einen festen Leuchtturm in der Außenweser am Rande des Roten Sandes dicht an der damaligen Fahrrinne anzufertigen, war er Leiter der Hafenbaudirektion in Bremerhaven, also der erste bremische Baubeamte, zu dessen Aufgabengebiet der Ausbau und die Unterhaltung der Bremerhavener Hafenanlagen gehörte. Bis zur Bauabnahme des fertigen Turmes am 23. Oktober 1885 und zur Betriebsaufnahme am 1. November 1885 00.00 Uhr vergingen über sieben Jahre, in denen sich Hanckes intensiv mit der Planung und Bauausführung des Leuchtturms Roter Sand beschäftigte. Diese eindrucksvolle Ingenieurleistung brachte ihm im In- und Ausland Anerkennung ein.

Nach seiner technischen Ausbildung am Polytechnikum in Hannover, der späteren Technischen Hochschule und heutigen Universität, wurde er Mitarbeiter van Ronzelens in der bremischen Hafenbaubehörde in Bremerhaven. 1863 bestand er die Staatsprüfung. Nach einigen Jahren als „Baukondukteur I. Klasse" erhielt Hanckes 1869 vom bremischen Senat den Titel Wasserbauinspektor, wurde er 1872 Baurat und damit Nachfolger van Ronzelens als Leiter der Hafenbaudirektion in Bremerhaven.

Bereits 1864/65 hatte er das Trockendock von H. F. Ulrichs an der Geeste entworfen, bei dem er auch die Bauaufsicht führte. Das alte Lloyddock von 1870/71 an der Westseite des neuen Hafens wurde ebenfalls nach seinen Plänen fertiggestellt. Neben diesen beiden Trockendockkonstruktionen wirkte Hanckes an der mehrmaligen Erweiterung und Verbreiterung des Neuen Hafens maßgeblich mit. Von 1872 – 1876 entstand nach seinen Entwürfen und unter seiner Oberaufsicht der Kaiserhafen I mit der kleinen Kaiserschleuse. Für die Befeuerung des Fahrwassers der Außenweser konstruierte er die Seezeichen auf Eversand und Meyers Legde. Seine letzte große Arbeit war die Planung für die Erweiterung des Kaiserhafens I mit der großen Kaiserschleuse und dem Kaiserdock I.

Ohne Frage ist jedoch Hanckes' bedeutendstes Wasserbauprojekt der Bau des Leuchtturms Roter Sand gewesen. Offensichtlich hatte er sich vorher in England über die Gründungsweise des berühmten Eddystone-Leuchtturms vor der Hafeneinfahrt nach Plymouth informiert, um dann in Zusammenarbeit mit den Technikern der Firma Harkort in Duisburg die Caisson-Technik zu entwickeln.

Karl Friedrich Hanckes starb 1891 und liegt auf dem Bremerhavener Friedhof in Wulsdorf begraben.

Walter Körte

Im Gegensatz zu Karl Friedrich Hanckes stand für Walter Körte, der 1855 in Flatow/Westpreußen geboren wurde, der Bau des Leuchtturms Roter Sand am Beginn seiner Laufbahn als Wasserbauingenieur. Nachdem er seine technische Ausbildung an der Berliner Bauakademie, dem Vorgängerinstitut der Technischen Hochschule Berlin-Charlottenburg und jetzigen Technischen Universität absolviert und 1882 mit der Baumeisterprüfung erfolgreich abgeschlossen hatte, gab es für ihn im preußischen Staatsdienst keine adäquate Anstellung.

So nahm er 1883 ein Angebot des Bremer Senats an, im Auftrage des Tonnen- und Bakenamtes die örtliche Bauleitung bei dem zweiten Gründungsversuch des Leuchtturms Roter Sand zu übernehmen. Die dabei gewonnenen praktischen Erfahrungen und die Kooperation mit Hanckes und anderen Technikern bildeten für Körte den Anstoß, sich weiter mit dem Seezeichenwesen zu beschäftigen und auf diesem Gebiet des Wasserbaus völlig neue Maßstäbe zu setzen.

1886 ergab sich für ihn die Gelegenheit, in die preußische Bauverwaltung einzutreten und beim Ministerium für Öffentliche Arbeiten, dem die Aufsicht über das Schiffahrtszeichenwesen oblag, u. a. die Befeuerung der Unterems und der Flensburger Förde durchzuführen. Als Wasserbauinspektor konnte er seine Kenntnisse durch viele Studienfahrten und auf zahlreichen Auslandsaufenthalten entscheidend vertiefen. 1896 wurde Körte zum Leiter des Wasserbauamtes I in Berlin berufen.

Durch die zunehmende Bedeutung der deutschen Handelsflotte und der Reichsmarine sowie durch das Anwachsen des internationalen Seeverkehrs sah sich Preußen veranlaßt, eine eigene zentrale Behörde einzurichten, die sich ausschließlich mit der Entwicklung, Erprobung und dem Bau von Schiffahrtszeichen zu befassen hatte. Körte übernahm 1900 als verantwortlicher Leiter die Dienstgeschäfte dieses „Technischen Referates für das Seezeichenwesen" im Preußischen Ministerium für Öffentliche Arbeiten. Neben der Schaffung einer einheitlichen Regelung für die Befeuerung der deutschen Nordsee- und Ostseeküste und der Erarbeitung einer gemeinsamen Verwaltungsvorschrift für die technische Ausbildung der Leuchtturmwärter baute er als Seezeichenversuchszentrum die Forschungsanstalt „Seezeichen-Versuchsfeld Friedrichshagen" auf, deren Nachfolgebehörde das heutige Seezeichenversuchsfeld in Koblenz ist.

Als der Geheime Oberbaurat Walter Körte 1914 starb, galt er als international renommierter Experte, der die Entwicklung des deutschen Seezeichenwesens, angefangen mit dem Bau des Leuchtturms Roter Sand, entscheidend bestimmt hatte.

Dirk J. Peters

Walter Körte

Von Anfang an ist die Kabelverbindung zum Roten Sand problematisch und von ständigen Störungen begleitet gewesen. Besonders anfällig war die Kabeleinführung in den Turm, schon nach zwei Jahren, 1887, traten an dieser Stelle die ersten Brüche auf.

Erste Kabelverbindungen mit dem Leuchtturm Roter Sand

Eine schnelle Nachrichtenverbindung kann unter Umständen außergewöhnlich wertvoll sein. Dieser alten Erkenntnis verdankt der Leuchtturm Roter Sand seine erste Kabelanlage. Bremer Handels- und Schifffahrtskreise waren sehr daran interessiert, möglichst früh zu erfahren, welche Schiffe von See her in die Weser eingelaufen waren. Weil der bestehende Botendienst dem wachsenden Anspruch auf Schnelligkeit nicht mehr zu genügen vermochte, wurden in den 1840er Jahren zunächst eine optische und dann eine elektromagnetische Telegraphenlinie zwischen Bremen und Bremerhaven errichtet. Der elektromagnetische Telegraph garantierte zwar eine sehr schnelle, Tag und Nacht betriebsbereite und vor allem auch weitgehend wetterunabhängige Verbindung, aber diese fand zunächst an der Wesermündung ihre natürliche Grenze.

Die Konstruktion und die Herstellung geeigneter Küstenkabel boten die Voraussetzungen, die Telegraphenlinien über das Festland hinaus bis zu den Leuchttürmen in der Wesermündung zu verlängern, und die Möglichkeit, den Austausch von Nachrichten zwischen ein-, aus- und vorbeifahrenden Schiffen und den Landtelegraphenstationen zeitlich und räumlich wesentlich zu vergrößern.

Im Frühjahr 1857 wurde auf Bremer Wunsch die Telegraphenlinie von Bremen über Oldenburg nach Brake bis Fedderwardersiel verlängert und von dort aus das erste deutsche Kabel in der Nordsee zu dem am 1. Dezember 1856 in Betrieb genommenen Leuchtturm Hoher Weg gelegt. Im Herbst 1875 wurde dieses Kabel ersetzt; die Kölner Firma Felten & Guilleaume lieferte und verlegte dafür 4,5 km Erdkabel, 13,9 km Seekabel und 12 m Einführungskabel besonderer Bauart.

Als in der ersten Hälfte der 1880er Jahre der Leuchtturm Roter Sand hart an der Nordsee vor der Wesermündung entstand, wurde von der bauausführenden Gesellschaft Harkort in Duisburg der Einführung eines Telegraphenkabels durch den Einbau eines Kabelkanals Rechnung getragen. Für diese Nachrichtenverbindung wurde 1885 das Telegraphenkabel Fedderwardersiel – Leuchtturm Hoher Weg verlängert; auch dieses Kabel lieferte und verlegte die Firma Felten & Guilleaume. Es handelte sich um ein 22 km langes 1adriges Kabel mit der damals üblichen Guttapercha-Umhüllung, für das der Herstellerin 64 350 Mark vergütet wurden. Für die Verlegung des Kabels erhielt das Kölner Unternehmen für die Zeit vom 3. bis 10. Juli einen Festpreis von 9000 Mark, für jeden weiteren Tag 75 Mark von der Reichspost- und Telegraphenverwaltung zugesichert. Die Firma Felten & Guilleaume vereinbarte daraufhin mit dem niederländischen Schiffseigner L. ten Cate, mit dem sie schon mehrfach zusammengearbeitet hatte, die Gestellung seiner Tjalk „Onderneming" für die Kabelbeförderung ab Verladestelle Mülheim a. Rh. und die Legung des Kabels. Das Schiff wurde in Mülheim mit einer Verlegeeinrichtung aus Holz ausgerüstet. Ten Cate sollte eine Vergütung von 1100 holl. Gulden für die Zeit vom 1. Juni bis 15. Juli, 15 Gulden für jeden weiteren Tag erhalten, dazu u. U. eine Belohnung von 50 Gulden bei günstigem Verlauf der Arbeiten. Ferner charterte man den Dampfer „Hercules" mit 143 PS von der Bugsiergesellschaft Union zum Schleppen des Kabelschiffes während der Legungsarbeiten für den Preis von 175 Mark für Arbeits- und 85 Mark für Liegetage. Obwohl die durch ungünstige Wetterbedingungen verursachten Liegetage von der Verwaltung vergütet wurden, waren die Legungsarbeiten mit nur schwer kalkulierbaren Risiken verbunden; sie waren vom Wasserstand und von der Wetterlage abhängig, und oft mußten die Kabel – obwohl man Schiffe mit geringem Tiefgang benutzte – streckenweise bei Ebbe ausgetragen werden.

Der Vollständigkeit halber sei noch angemerkt, daß die 1886 und 1887 erbauten Leuchttürme auf dem Watt, Eversand und auf Meyers Legde, am 1. Juli 1887 durch ein Telegraphenkabel von Misselwardersiel

Kabeltrommel zur Aufnahme von 15 000 Meter Seekabel für die Stromversorgung, zum Eisenbahntransport fertig montiert, aufgenommen in Bremerhaven, im April 1896.

über die Leuchttürme Meyers Legde, Eversand Unterfeuer und Eversand Oberfeuer an das Festland angeschlossen wurden. Das 1adrige Guttaperchakabel hatte eine Länge von insgesamt 12,3 km. Die Firma Felten & Guilleaume erhielt dafür 21 402 Mark und für die Verlegung, an der erneut ten Cate mit seinem Schiff beteiligt war, 9000 Mark.

Die drahtlose Telegraphie gewährte dem Nachrichtenverkehr neue Möglichkeiten, die insbesondere von der Seeschiffahrt mit großem Interesse aufgegriffen und verwirklicht wurden. Am 15. Mai 1900 nahm die erste deutsche Funktelegraphenanlage für den allgemeinen Verkehr zwischen der damaligen Seetelegraphenanstalt Borkum-Leuchtturm und dem Leuchtfeuerschiff Borkum-Riff ihren Betrieb auf. Den unmittelbaren Anlaß zur Errichtung dieser drahtlosen Nachrichtenverbindung hatte eine Eingabe des Norddeutschen Lloyd in Bremen gegeben, in der auf die Notwendigkeit einer Meldestelle für große Dampfschiffe zwischen Vlissingen und dem Leuchtturm Roter Sand hingewiesen worden war. Die genannte Schiffahrtsgesellschaft übernahm die Kosten für die Einrichtung der beiden Funkstationen nach dem System Marconi und die Zahlung der Lizenzgebühren. Sie finanzierte darüber hinaus Versuche mit deutschen Systemen und ließ schließlich eine eigene Küstenstation in Bremerhaven errichten, die u. a. die Verbindung mit den eigenen Dampfschiffen hielt, von denen bereits 1905 fünf mit Bordstationen ausgerüstet waren.

Im Juni 1913 arbeiteten von insgesamt 17 deutschen Küstenstationen 12 im Bereich der Nordsee; 8 Stationen befanden sich auf vor den Küsten verankerten Schiffen, davon eine in der Wesermündung; zur gleichen Zeit besaßen 301 Schiffe unter deutscher Flagge eine Bordstation.

Obwohl das Problem der Kabelverbindung, wie der nachrichtentechnische Anschluß mittels Telegraphenkabel zeigt, relativ früh gelöst war, dauerte es lange, bis die Leuchttürme für ihre eigentliche Aufgabe die elektrische Energie genutzt haben. Der Grund dafür liegt weniger im Festhalten an überkommenen und ständig verbesserten Einrichtungen als vielmehr in den technischen Schwierigkeiten beim Transport elektrischer Energie auf weitere Strecken – der

Verlegung des Rote-Sand-Landkabels am Ostrand von Wangerooge, Mai 1896.

in den ersten Jahrzehnten für Kraft- und Beleuchtungszwecke genutzte Strom war ein Gleichstrom, der nur unter hohen Verlusten zu übertragen war. Erst nach der Erfindung des Transformators und der Ausarbeitung des Wechselstromprinzips spielten die Entfernungen zwischen der Erzeugung und dem Verbrauch elektrischer Energie praktisch keine Rolle mehr; sie waren lediglich noch ein Kostenproblem, nämlich der Kosten für die im Falle der Versorgung von Leuchttürmen und Leuchtfeuerschiffen relativ teuren Küstenkabel. Ein früher Verfechter des Wechselstromsystems in Deutschland war die Kölner Firma Helios, die die benötigten Kabel von Felten & Guilleaume oder von den erst 1890 gegründeten Land- und Seekabelwerken (L & S) in Köln-Nippes bezog. L & S hatte Helios das Kabelnetz zur Beleuchtung des Kaiser-Wilhelm-Kanals sowie der Hafenanlagen von Bremerhaven geliefert. Besonders der erstgenannte Auftrag war mit großen Risiken verbunden gewesen, weil es an Erfahrung mit der damals außergewöhnlich hohen Betriebsspannung von 7500 Volt (Prüfspannung 30 000 V) mangelte – Felten & Guilleaume und Siemens & Halske hatten deshalb die Übernahme des Auftrags abgelehnt. L & S hat ihn übernommen, weil es wegen fehlender Referenzen von den lukrativen Aufträgen ausgeschlossen blieb. Mit hohem Risiko und großen Preiszugeständnissen ist es dem jungen Kabelunternehmen gelungen, sich einen Namen zu machen. Zu den spektakulären Aufträgen zählt auch die Kabelverbindung mit dem Leuchtturm Roter Sand – zum einen wegen der Länge von 12 km in einem Stück, zum anderen wegen der mit dem Herstellungsauftrag verbundenen Verlegung, die dem Unternehmen völlig fremd war.

Das Kabel wurde in Köln-Nippes gefertigt und mußte, da das Werk nicht am Rhein lag, mühsam mit Pferdewagen zur Flußverladestelle transportiert werden. Fast wäre die Ausführung an den dabei auftretenden Schwierigkeiten gescheitert. Nachdem das Kabel endlich auf dem Schiff „Dampfprahm 1" verladen worden war, nahm die Verlegung einen fast ungehinderten Verlauf. Unter der Leitung eines von Siemens Brothers in London abgeworbenen Verlegungsingenieurs wurde die Verbindung von der Insel Wangerooge zum Leuchtturm hergestellt.

Dampfprahm I, als Kabelschiff ausgerüstet, vor der Abfahrt zur Verlegung im Juli 1896.

Die schlechten Erfahrungen mit einem Transport von Seekabeln ab dem Werk in Nippes ließen die Verantwortlichen im Unternehmen dem Gedanken näher treten, ein Seekabelwerk an der deutschen Küste zu errichten. Ein für den Zweck günstiges Gelände wurde an der Wesermündung in Nordenham gefunden und erworben. Etwa gleichzeitig wurde – nach gemeinsamer Projektierungsarbeit mit dem Norddeutschen Lloyd – ein Kabeldampfer bei einer englischen Werft in Auftrag gegeben. Es war der erste deutsche Kabeldampfer; die deutschen Werften, bei denen man zuerst angefragt hatte, waren nicht in der Lage gewesen, die vorgeschriebenen Lieferfristen einzuhalten. In eben dieser Zeit plante die Firma Felten & Guilleaume auf Anregung des Reichspostamtes die Errichtung einer Seekabelfabrik in Emden. Für zwei deutsche Seekabelfabriken, daran bestand kein Zweifel, boten die zu erwartenden Aufträge keine ausreichende Beschäftigung. Für Felten & Guilleaume sprachen sowohl die längere Erfahrung und die traditionsreiche Zusammenarbeit mit der Reichstelegraphenverwaltung als auch die bereits seit Jahren aufgewendeten Mittel für das Studium der Verlegungsmöglichkeiten für transatlantische Kabel und die Erlangung der erforderlichen Landeskonzessionen fremder Staaten. Dem hatten die Land- und Seekabelwerke nichts annähernd Gleichwertiges entgegenzusetzen.

Durch Vermittlung des Reichspostamtes, von dessen Wohlwollen die weitere Entwicklung von L & S in entscheidendem Maße abhing, wurde das Nordenhamer Werk 1899 in ein selbständiges Unternehmen unter der Firma „Norddeutsche Seekabelwerke AG" eingebracht; am Aktienkapital waren Felten & Guilleaume und die „Deutsch-Atlantische Telegraphengesellschaft" je zur Hälfte beteiligt. L & S erhielt alle Auslagen erstattet und verzichtete auf eine Beteiligung am Seekabelgeschäft.

Horst A. Wessel

Optik mit Petroleumglühlicht für das nach Norden scheinende Nebenfeuer in einem der Erker. Die Lampe ist – allerdings propangasbetrieben – noch heute in Gebrauch.
Darunter ein Blick in den Laternenraum, das Hauptfeuer ebenfalls mit Gürteloptik und Petroleumglühlicht und dem Blendenapparat.

Die Lichtquelle

Das Leuchtfeuer bestand anfangs aus einem zweidochtigen Petroleumbrenner. Ab 1896 wurde, um die Tragweite des Feuers zu verbessern, der Leuchtturm über eine Kabelverbindung von der Insel Wangerooge mit Strom versorgt. Das Hauptfeuer erhielt damit als Lichtquelle eine elektrische Bogenlampe. Da jedoch diese Kabelverbindung häufig, vor allem im turmnahen Bereich, unterbrochen war, wurde der elektrische Betrieb 1904 wieder eingestellt. Das Leuchtfeuer mußte wieder mit Petroleum betrieben werden.

Die erneute Elektrifizierung des Leuchtfeuers erfolgte erst Anfang der 40er Jahre. Dieselaggregate sorgten für 110 Volt-Gleichstrom. Sie versorgten am Tage das Bordnetz und luden gleichzeitig Nickel-Eisen-Batterien für den Nachtbetrieb. Durch diese Stromversorgung konnten bereits 1000-Watt-Lampen eingesetzt werden, mit denen eine beträchtliche Verbesserung der Leuchtfeuertragweite erzielt wurde. Einer der wesentlichen Gründe für die späte Elektrifizierung war seine exponierte Position am Rande der offenen See.

In dieser Zeit wurden mit den leuchtfeuertechnischen auch bauliche Änderungen durchgeführt. Das untere Stockwerk wurde Lagerraum, im zweiten Stockwerk konnte die Stromerzeugung eingerichtet werden. Das dritte Geschoß erhielt die Küche, während das vierte als Schlafraum ausgebaut wurde. Darüber befand sich der Dienstraum. Auf der Plattform wurde ein neues Laternenhaus aufgesetzt.

Die Leuchte war mit einer 1000-Watt-Lampe mit Wechselvorrichtung ausgerüstet worden; daneben wurde am nordöstlichen Erker ein Nebelschallsender montiert.

Nach der Inbetriebnahme des Leuchtturms „Alte Weser" wurde 1964 die Besatzung vom Leuchtturm Roter Sand abgezogen und ein automatisch geregeltes Propangasfeuer eingerichtet.

Gerd Thielecke

Nachrichtenverbindungen

Für den Zeitraum vor dem 2. Weltkrieg ist bekannt, daß eine Nachrichtenkabelverbindung bestanden hat, über die Morsezeichen weitergegeben wurden, ähnlich wie beim Leuchtturm Hoheweg mit der Fischdampfermeldung und Semaphoranlage. Während des 2. Weltkrieges müssen im Rahmen der militärischen Besatzung (Beobachtungsposten) auch Funkverbindungen bestanden haben.

Ab 1945/46 hat dann das Amt die Leuchttürme zunächst mit alten militärischen Anlagen (Johnson-Station, Berta-Empfänger) für den Sprechfunkverkehr auf der Grenzwelle ausgerüstet, die ab 1954 durch moderne Hagenuk-Stationen 6550 E ersetzt wurden. Hiermit war der Sprechfunkverkehr mit Fahrzeugen des Amtes wie Tonnenleger/Feuerschiff und der Leuchttürme untereinander möglich (Wettermeldung, Ablösungs- und Versorgungsinformation). Gleichzeitig konnte die Seenotfrequenz 2182 kHz abgehört werden.

Ab 1955 erfolgte zusätzlich die Ausrüstung der Leuchttürme mit neuen UKW-Sprechfunkanlagen, die die Direktverbindung des Wasser- und Schiffahrtsamtes mit den Leuchttürmen und Schiffen ermöglichte.

Heute werden nur von Fall zu Fall tragbare UKW-Geräte für Handwerkseinsätze mitgenommen. Der Leuchtturm hat keine nachrichtentechnischen Überwachungsanlagen mehr.

Gert Pohl

Erste Kabelverbindungen

Die Telegraphenstation im Dienstraum auf dem Roten Sand.

Bis 1941, also in 56 Betriebsjahren, war die Telegraphenverbindung durch Kabelbrüche insgesamt 380 Tage außer Betrieb. Ursache war vor allen Dingen eindringendes Seewasser, das die eisernen Schutzdrähte verrosten und brüchig werden ließ, so daß es im turmnahen Bereich den Wasserturbulenzen nicht standhielt. Wenn der Einführungsschacht verstopft war, wurde das Kabel provisorisch außen am Turm hochgeführt.

Brach die Verbindung auf freier Strecke, waren meist Schiffsanker dafür verantwortlich. Oft mußte dann kilometerlang neues Kabel verlegt werden, weil die Bruchstelle völlig versandet lag und von dem mit Suchanker ausgerüsteten Kabelschiff nicht aufzufinden war.

Seit Ende der zwanziger Jahre beschäftigte man sich mit einem Ausbau des Leuchtturms. Ein 1930 erstellter Plan des Wasserstraßenamtes sieht eine neue, höher angelegte Lichtquelle vor, sowie den Einbau eines Luftschall-Senders. Dazu wäre eine Aufstockung nötig gewesen, der vorhandene Laternenraum sollte dann Dienstzimmer werden.

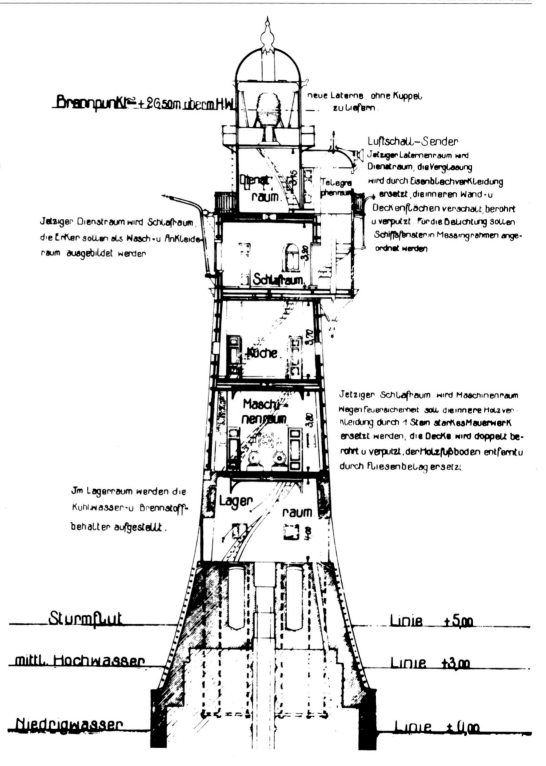

Mit diesem Schreiben konnten die Ausbaupläne begraben werden. Das Vorhaben wurde vom Kommando der Marine-Station der Nordsee abgelehnt.

10

Kommando
der Marinestation
der Nordsee

Wilhelmshaven, den 19. Februar 1941.

B.Nr. H 5881 A III.

Wasserstraßenamt
Wesermünde
Eingeg. 24 Feb. 1941
Tgb.Nr. 247 Anl.

An

Wasserstraßenamt Wesermünde,

nachrichtlich:

Gruppenkommando Nord,

Küstenbefehlshaber Deutsche Bucht.

Betrifft: Leuchtfeuer Rotersand.

Vorgang : a) Wasserstraßenamt Wesermünde B.Nr. 106 vom 28.1.1941,
b) K.B. Deutsche Bucht B.Nr. H 1136 II vom 6.2.1941,
(für Gruppe Nord abschriftlich beigefügt.)

Eine Verstärkung des Leuchtfeuers Roter-Sand noch während des Krieges wird zur Vermeidung von Störungen des Flugmeldedienstes nicht für erforderlich gehalten.

Im Auftrage.
[Unterschrift]

WStra.
Nr. 247, 77, 78

Wesermünde, den 27. 2. 1941.

1) Ab 27. FEB. 1941

das Reichsverkehrsministerium
(Seezeichenversuchsfeld)
Berlin W8
Wilhelmstr. 80

Betr.: Leuchtfeuer „Rotersand".
Schreiben vom 15. Jan. 1941 – Nr. 79/41
u. " 20. " 1941 – " 96, 97/41.
[Unterschrift]

Der hier abgedruckte Text ist gegenüber der Vorlage um einige Absätze gekürzt, die die Baugeschichte des Turms betreffen, wie sie ausführlicher an anderer Stelle in diesem Buch geschildert wird.
Der Verfasser war Oberbaurat in Bremen.

F. Rudeloff:
50 Jahre Leuchtturm „Roter Sand"

Seit nunmehr 50 Jahren steht das Wahrzeichen der Deutschen Bucht, der Leuchtturm „Roter Sand", als sicherer Wegweiser der Schiffahrt auf seinem vorgeschobenen Posten, zugleich ein Denkmal deutscher Baukunst und wagemutigen Schaffensgeistes. In seiner schlank aufragenden Form mit den drei Erkern und den roten und weißen Farben ist er der deutschen Seefahrt zu einem Symbol der Heimat geworden.

Der Turm selbst ist in 4 Stockwerke eingeteilt. Durch die wasserdichten Eingangstüren, die etwa 8 m über Niedrigwasser liegen, gelangt man zunächst in den Lagerraum. Hier sei eingeschaltet, daß es immerhin mit einigen Schwierigkeiten verknüpft ist, bis zur Eingangstür zu gelangen. Der Tonnenleger „Weser", der die Aufgabe hat, die Leuchtturmbesatzungen abzulösen und die Türme mit Proviant und Trinkwasser zu versorgen, kann nur in den wenigsten Fällen bei ruhiger See so am Fuße des Turmes anlegen, daß die unter den Eingangstüren angebrachten eisernen Leitern zum Aufstieg benutzt werden können. Meistens herrscht unruhiges Wetter, bei welchem der Tonnenleger „Weser" wohl am Fuße des Turmes festmachen kann, aber immer in einem gewissen Abstand vom Turm bleiben muß, damit Beschädigungen des Fundaments durch Anprall des Schiffskörpers an den Turm vermieden werden. In solchen Fällen übernimmt ein Korb die Beförderung auf den Turm, und mancher, der sich zum erstenmal diesem schwankenden Verkehrsmittel anvertrauen mußte, wird bestimmt ein eigenartiges Gefühl gehabt haben, wenn er in dieser ungewöhnlichen Weise durch die Luft, hoch über dem Wasser schwebend, bis an die Eingangstür befördert wurde, wo dann die hilfsbereiten Hände der Leuchtturmwärter den Korb in das Innere des Turms hineinzogen.

Der Lagerraum, in den man durch die Eingangstüren gelangt, enthält die zum Betriebe des Turms erforderlichen Materialien, wie Kohlen, Petroleum usw. – In der Mitte ist ein Schacht tief in das Fundament hinabgeführt, in welchem sich ein Pegel zur Aufzeichnung der Wasserstände befindet. Um den Pegelschacht herum sind zwei Zisternen in das Fundament eingelassen zur Aufnahme des erforderlichen Trinkwasservorrats. Vom Lagerraum gelangt man in den darüberliegenden Schlafraum, der die Schlafgelegenheiten für die Leuchtturmbesatzung enthält. Über dem Schlafraum liegt die Küche, während über der Küche der Dienstraum untergebracht ist.

Der Dienstraum bildet gewissermaßen den Mittelpunkt des Leuchtturmbetriebes, in dem täglich des Dienstes ewig gleichgestellte Uhr abläuft. Hier befindet sich der Telegraph, der den Leuchtturm mit dem Festlande verbindet und über den die Meldungen über den Schiffsverkehr, dessen Beobachtung mit zu den Aufgaben der Leuchtturm-Aufseher gehört, gesendet werden. Weiter ist hier ein Fernsprecher angebracht, der eine Verständigung mit dem 18 km weseraufwärts gelegenen Leuchtturm „Hoheweg" ermöglicht. Auch der Rundfunk-Empfänger, dessen Einführung das Ende der völligen Abgeschlossenheit bedeutete und deshalb mit großer Freude begrüßt wurde, fand hier seine Aufstellung. In einem der 3 Erker, die vom Dienstraum aus zugänglich sind, ist das Uhrwerk für die Nebelglocke untergebracht. Das Uhrwerk wird durch ein Gewicht angetrieben und betätigt das Schlagwerk einer Nebelglocke, die auf dem Erker aufgestellt ist. Bei Nebel warnen ihre in regelmäßigen Abständen gegebenen Schläge die Schiffahrt vor zu großer Annäherung an den Turm.

Ein zweiter Erker enthält die Treppe, über die man in den Laternenraum gelangt. Im Laternenraum ist die Leuchte, die der Schiffahrt den Weg zeigen soll, untergebracht. Die Leuchte hat im Laufe der Jahrzehnte entsprechend den Fortschritten in der Technik und auch den Bedürfnissen der Schiffahrt, mehrfache Veränderungen durchgemacht. Ursprünglich bestand sie aus einem zweidochtigen Petroleumbrenner, dessen Licht durch eine etwa 0,8 m hohe Gürtellinse auf 600 H. K. verstärkt wurde. Die Reichweite betrug bei klarer Luft etwa 12,5 Seemeilen, während das Feuer bei diesiger Luft noch etwa 6 Seemeilen sichtbar war. Sehr bald aber wurde aus Schiffahrtskreisen der Wunsch laut, das Feuer zu verstärken, da es bei nebligem Wetter nicht genügend durchdrang. Diesen Wünschen Rechnung tragend, wurden von Wangerooge aus zwei Kabel nach dem Turm verlegt, über welche eine elektrische Bogenlampe, die anstelle des Petroleumbrenners auf dem Turm eingebaut worden war, gespeist wurde. Das Feuer hatte dadurch zwar eine weit größere Helligkeit erhalten, jedoch traten so viele Störungen und Unterbrechungen ein, daß der elektrische Betrieb sehr bald wieder aufgegeben werden mußte. Die Störungen wurden dadurch hervorgerufen, daß in dem wandernden Sande der Weser- und Jademündung das Kabel derartigen Verwerfungen unterworfen wurde, daß sehr oft Kurzschluß eintrat und durch die Häufigkeit der Störungen die Beibehaltung des elektrischen Betriebes zur Unmöglichkeit wurde. Nach Ausbau der Bogenlampe wurde nun Petroleum-Glühlicht eingeführt, das noch heute im Betrieb ist. Beim Petroleum-Glühlicht wird das Petroleum unter geringem Druck vergast und einem Glühstrumpf zugeführt. Hierdurch wird eine so große Intensität der Lichtquelle erreicht, daß das Feuer nach Verstärkung durch die Gürteloptik 6500 HK ausstrahlt und dadurch bei klarer Luft bis 14 Seemeilen sichtbar ist. Nacht für Nacht strahlt der Leuchtturm sein Feuer aus in Form von 3 festen Leitsektoren, die das Fahrwasser aus der Weser, der Jade und von See bezeichnen und der Schiffahrt den richtigen Weg durch die Sände weisen.

Die Fortschritte in der Technik lassen jetzt ohne weiteres die Möglichkeit zu, das Feuer elektrisch zu gestalten, und zwar durch Einbau von Stromerzeugern, die von Dieselmotoren angetrieben würden. Man würde dann durch die Wahl entsprechender Glühlampen und durch Einbau einer neuen, größeren Gürteloptik 100 000 HK erreichen können. Zwar hat der Leuchtturm Roter Sand dadurch etwas an Bedeutung

Nur bei spiegelglatter See konnte das Versorgungsschiff, das auch die Ablösung brachte, direkt am Turm anlegen. In den meisten Fällen wurden Mannschaften und Güter mit Hilfe des Ladebaumes vom Tonnenleger „ausgekorbt".

verloren, daß die Haupteinfahrt zur Weser infolge Verschiebung der Sände und Stromrinnen seit 1920 nicht mehr durch die vom Turm aus befeuerte Neue Weser erfolgt, sondern durch die Alte Jade geht. Immerhin aber ist die Bedeutung des Feuers dadurch noch groß genug, daß von ihm die Ausfahrt aus der Weser und die nördliche Einfahrt zur Weser durch die Alte Weser befeuert und ein Leitfeuer sowie ein Quermarkenfeuer nach der Jade gesandt wird. Das Petroleumfeuer des Roter Sand-Leuchtturms fällt gegen die starken elektrischen Feuer der Feuerschiffe „Außenjade" und „Weser" und des Leuchtturms Wangerooge stark ab.

Alle vorstehend beschriebenen Betriebseinrichtungen bedürfen zu ihrer Erhaltung und ständigen Betriebsbereitschaft sorgsamster Pflege, die in den Händen der Leuchtturmbesatzung liegt. Die Leuchtturmbesatzung besteht aus einem Oberaufseher und zwei Aufsehern, welche sich die ihnen zugewiesenen Aufgaben teilen, wobei dem jüngsten Aufseher das Amt des Kochs zufällt. Die Arbeiten sind sehr umfangreich. Täglich müssen die großen Gürteloptiken sowie die Verglasung geputzt werden, weil jede Verschmutzung die Helligkeit des Feuers beeinträchtigen würde.

1935 wurde das 50jährige Jubiläum des Turmes gefeiert. Untersuchungen des Bauzustandes gaben damals keinerlei Anlaß zur Besorgnis.

Ebenso bedürfen die Apparate der Brenneinrichtung ständiger Pflege. Zu den weiteren Aufgaben gehört die Beobachtung des Schiffsverkehrs, der ständig telegraphisch nach Bremerhaven bzw. Bremen gemeldet wird. Der übrige Tag ist ausgefüllt mit den verschiedensten Arbeiten, wie sie im Leuchtturmbetriebe notwendig sind, wie Beobachtung des Pegels, Ergänzung der Kohlenvorräte zum Kochen und Heizen, Auffüllen der Petroleumbehälter usw., bis dann bei Sonnenuntergang das Feuer entzündet wird. Von diesem Augenblick an setzt die regelmäßige Wachablösung ein, und ständig wacht ein Aufseher darüber, daß das Feuer seine Strahlen über die See hinaussendet. Er muß in jedem Augenblick bereit sein, einzugreifen, wenn sich eine Störung des Feuers bemerkbar machen sollte. Volle 8 Wochen dauert der Dienst des Leuchtturmaufsehers auf dem Turm, dann winken ihm 4 Wochen Urlaub, nach deren Ablauf er wieder für 8 Wochen den einsamen und verantwortungsvollen Dienst zum Wohle der Schiffahrt übernimmt.

Nun mögen einige Angaben über die Unterhaltungs- und Betriebskosten folgen. An Petroleum für die beiden Feuer werden jährlich etwa für 1400 RM verbraucht, während der sonstige Materialverbrauch etwa 1350 RM kostet. Für die Unterhaltung des Turms und der Betriebseinrichtungen sind jährlich etwa 1500 RM aufzuwenden und an Gehältern und Außendienstentschädigungen etwa 13650 RM zu zahlen, so daß die Gesamtkosten sich jährlich auf etwa 18000 RM belaufen.

Fünfzig Jahre hat nun der Leuchtturm „Roter Sand", der kürzlich im Festschmuck die Feier des 50. Gründungstages begehen konnte, allen Sturmesgewalten getrotzt. Da drängt sich die Frage auf, wie sich der Bau, seine Ausführung und die verwendeten Baustoffe bewährt haben. Die Untersuchung hat gezeigt, daß der Turm in allen seinen Teilen ausgezeichnet erhalten ist, und da erst kürzlich durch Erhöhung der Steinschüttung die Standsicherheit vergrößert worden ist, darf angenommen werden, daß der Leuchtturm „Roter Sand" weiter bis in ferne Zukunft seinen Dienst als Wächter und Wegweiser der Schiffahrt versehen wird.

Herzliche Grüße von Opa auf dem Turm

Erhalten haben sich – in Familienbesitz – sechs Briefe des Leuchtturmwärters Hermann Hinrich Schröder aus Deichshausen, die er vom Roten Sand aus an seine Tochter geschrieben hat. Schröder hatte bereits beim Bau des Turmes sowie bei dem ersten mißlungenen Versuch mitgewirkt und gehörte dann zur ersten Besatzung. In seinen Freistunden beschäftigte er sich mit Tischlerarbeiten – er fertigte Kleinmöbel aus Treibholz – und flocht Matten aus Tauwerk. Die Briefe geben wir mit geringen Kürzungen im Wortlaut wieder, die erste Seite des Schreibens vom 8. 10. 1886 in Faksimile. Zur besseren Lesbarkeit haben wir einige im Original ausgelassene Interpunktionen eingefügt.

„... Opa käme jetzt so bald nicht wieder er müßte 8 Monat an seinem Thurm die Wache halten, dann wäre es schon wieder Sommer ... und die Lerche und die Nachtigal singt schon wieder ..." (8.10.86)

Rothesand, 30/7. 86
Lieben Kinder!
Ich bin Gott sei Dank noch Gesund und Wohl. Ich hoffe, das Ihr auch wieder beßer seid. Wie lange habe ich schon auf einen Brief gehofft, aber noch immer vergeblich. Meine Gedanken sind immer bei Euch, wie es Euch doch wohl geth mit Euren Massel. Hoffe, das Mutter einige Tage bei Euch gewesen ist. Wenn Tine und Hermann auch noch krank geworden sind, dann hast Du es ja garnicht aushalten können. Liebe Tochter, unsre kranken Kinder all zu pflegen da wirst Du ja selber krank. Du kannst Euch man was zugute thun. Auch Du lieber Sohn mußt gut Essen, wenn Du ans Tauchen bist, sonst hältst Du es nicht aus, denn das Wasser zährt. Ich hoffe, das ich jetzt einen Brief bekomme mit Düsmann, ich erwarte sehnlich auf einen.
Neues lieben Kinder ist hier nicht paßiert. Schiffe kommen sehr wenig, und wir haben den ganzen Sommer Arbeiter hier. Erst haben wir Maler gehabt, diesen Monat Maurer, jetzt kommen Tischler um uns den Thurm ein wenig beßer auszubauen. Na, wenn er auch beßer gemacht wird, mir wills doch immer noch nicht gefallen, na es wird ja wohl bald beßer werden wenn wir erst versetzt werden. Wenn was davon wird, ist aber ungewiß.
Hoffentlich erhalte ich heute einen Brief denn Düsmann kommt schon ist schon unterwegs. Ich schreibe bald wieder so bald Gelegenheit und wenn ich erst weiß wie es Euch geth. Bis dahin lebet wohl lebet alle recht wohl. Seid herzlich gegrüßt und geküßt von Eueren liebenden Vater
H. H. Schröder
Viele herzliche Grüße und Küße an unsre Lieben Kleinen von Ihren alten Opa auf dem Thurm.
H. H. Schröder
(...)

Rothesandthurm 8/10 86
Lieben Kinder
Ich bin Gott sei Dank noch Gesund und Wohl und hoffe selbiges auch von Euch allen. Ich bin hier schon am 1ten am Thurm in unsere Einsiedelei gekommen bei schönem Wetter. Wir sind des Mittags um 1 Uhr von Bremerhaven gefahren und des Abens mit Dunkelwerden waren wir hier, sind noch gut heran gekommen. Gleich nachher fing es stärker an zu Wehen, 1/2 Stunde später und wir wären nicht mehr heran gekommen und ich hätte auf dem Dampfer Biwakieren müßen. Wie ich hier kam habe ich erst bis 12 Uhr die Wache gehabt nachher habe ich aber sehr gut geschlafen in meine neue Bettstelle. Es ist vieles gemacht im Thurm den Zug wegzubringen. Wollen hoffen das wir es diesen Winter beßer aushalten können.
(...)
Liebe Tochter ich hoffe das es Dir noch gut geht, bitte laß Deinen muth nicht sinken denn unser Vater dort Oben wird Dir beistehen in den Stunden der Noth, vertrau auf Ihn er wirds wohl machen.
Wie gehts denn unsre lieben Kleinen? Die sind noch wohl immer auf der Straße und spielen bei diesem schönen Wetter. Sage Ihr man Liebe Tochter Ihr Opa käme jetzt so bald nicht wieder der müßte 8 Monat an seinem Thurm die Wache halten, dann wäre es schon wieder Sommer wenn er wieder kommt und die Lerche und Nachtigal singt schon wieder, ist eine lange recht lange Zeit. Na lieben Kinder wenn wir man Gesund bleiben wird die Zeit bald hingehen und wir wollen Gott bitten das er uns unsere Gesundheit erhalten möge. Lieber Sohn hoffentlich bist Du noch in Bremen, das Du des Abens zu Haus gehen kannst. Ich freue mich sehr dazu, es ist auch so gut für Anna sonnst müßte Sie schon eine Frau des Nachts bei sich nehmen, denn allein könnte Sie doch nicht sein. Nun lebt Wohl lieben Kinder, ich hoffe das Ihr bald erfreut werdet und wünsche Dir liebe Tochter das Du es gut überstehen magst.
Nun Grüße an Sengstacks, Löbigs und Onkel Grimm auch unsere Lieben in Lemwerder sowie in Deichshausen.
Auch herzliche Grüße und Küße an unsre lieben Kleinen
Seid Ihr auch Herzlich Gegrüßt von Euern liebenden Vater
H H Schröder

Rothesandthurm 18/7 87
Lieben Kinder
In der Hoffnung das Euch meine Zeilen bei Guter Gesundheit antreffen, theile ich euch mit das ich Gott sei dank auch noch Gesund und wohl bin. Aber vor 14 Tagen hatte ich furchtbare Schmerzen von meinen Hämorrhoiden, so 3 – 4 Tage da war es wieder beßer. Nachher habe ich es noch nicht wieder gehabt, nachher ist es im ganzen etwas beßer gewesen, es ist aber noch nicht weg aber Schmerzen habe ich noch nicht wieder gehabt. Es bleibt ja wohl so das ich meine arbeit thun kann und dann will ich zufrieden sein. Lieben Kinder, die Herren Taxatoren haben uns noch einen Classensteuer heraufgesetzt auf 40 Mark nach 2400 M. Gehalt Verdienst. Das hat Niemand auf die Thürme und Leuchtschiffe. Damit müßen die Herren aber wieder herunter oder ich ziehe von Deichshausen weg und gehe nach Vegesack oder nach Bremen. Dann könnt Ihr uns man Eure Wohnung offen machen, na sie werden mich wohl wieder herunter setzen, so viel kann ich doch nicht geben da ich nur 1200 Mark Gehalt bis so weit verdiene. Mutter hat auch ja eine Schrift aufsetzen laßen. Na das wird sich auch alles wohl helfen, die Hauptsache ist das wir nur Gesund bleiben dann werden wir uns wohl helfen.
(...)
Dir lieber Sohn und meinen kleinen Hermann bringe ich auch meinen Herzlichsten Glückwunsch zu Euern Geburtstag. Der liebe Gott laß Euch diesen Tag recht oft Gesund und Wohl erleben und Dir mein kleiner Hermann heran ziehen zu unser aller Freude.
Lieben Kinder, Neues ist hier nicht viel passiert, Schiffahrt ist flau und hier bei uns auf dem Thurm paßiert nicht viel denn wir sind nur mit 3 Mann. Ich freue mich das es nun 1 Monat mehr hin ist, das ich dann schon wieder auf Urlaub komme. Dieser Monat ist mir sehr lang geworden, wie es zugeht weis ich nicht.

Lieben Kinder, ich freue mich das Ihr alle wieder besser seid und das Du Liebe Tochter Dich auch beßer befindest. Was meint der Doctor denn, mußt Du nach dem Krankenhaus? Oder wird es so beßer werden, ich will hoffen das es so wieder besser wird. Lieben Kinder, mit der Laube habt Ihr wohl ganz Bremen mit in aufruhr gemacht wie Ihr das große Fahrzeug hergebracht habt, hats denn gut gegangen? Hier ist es noch sehr Trocken gewesen, bloß die letzte Zeit ist mehrmals Gewitter gewesen da hat es mehrmals Geregnet.
Nun viele Herzliche Grüße an alle meine lieben kleinen, hoffe das alle wohl sind und wenn ich erst wieder komme dann kann mein kleiner Fritz auch wieder bei mir Schlafen in Deichshausen dat sage Ihm man. Hörst wohl liebe Tochter da sind keine Flöhe die Ihm beißen. Auch Herzliche Grüße an Großmutter, hoffe das Sie noch Wohl ist, wenn Sie da so lange bleiben will und Ihr Sie behalten wollt bis ich wieder kommen kann dann werde ich Sie wieder mit nehmen.
Nun lebet wohl, lebet alle recht wohl, auf Wiedersehen lebet Wohl. Seit alle recht Herzlich gegrüßt von Euern liebenden Vater
H H Schröder
(...)

„... Ich freue mich, das es nun 1 Monat mehr hin ist, das ich dann schon wieder auf Urlaub komme. Dieser Monat ist mir sehr lang geworden..." (18.7.87)

„… vom 4. bis 8. haben wir Mannöver, wenn wir da man erst mit durch wären. Wir kriegen noch viele Arbeit, wie es heißt, soll der Kaiser auch kommen." (2.9.88)

Rothersandleuchtthurm 2/9. 88
Lieben Kinder
Ich hoffe, das ich mit mein Schreiben Euch alle bei guter Gesundheit antreffe, welches ich Gott sei Dank auch noch bin. So ganz wohl bin ich zwar immer nicht, doch es ist doch auszuhalten, und wenn es man einiger maßen ist, muss man zufrieden sein. Die Tropfen von Herrn Doktor Mennen habe ich 3/4 auf, doch Beine sind mir noch müde und des Abends sind die Beine noch immer angeschwollen. Kopfschmerzen und Schwindel hat sich auch noch nicht ganz verlohren, doch wenn es man so bleibt bin ich zufrieden. Liebe Tochter, wie gehts unsere lieben Kinder, hoffe das sie Wohl sind. Grüße sie alle Herzlich von mir und unser Fritz ginge wohl gerne nach seinen Stedingerland, doch da ich nicht da bin, würde es Ihm auch wohl nicht viel Vergnügen machen. Grüße und Küsse Ihr alle Herzlich von mir. Mit mir dauerts noch lange, ehe ich Euch alle wieder in meine Arme schließen kann. Lieben Kinder, nehmt das Maaß der Fensterbank, dann werde ich die Stücken zurecht machen, die Zeit werde ich mir noch erübrigen, um die Dinger gerecht machen kannst ja mir ein kleinen Streifen Papier nehmen und legen es im Brief wenn Ihr schreibt.

Lieben Kinder neues kann ich Euch nicht Schreiben aber die Witterung ist noch immer unbeständig 1 Tag Regen den andern Tag Wind, so wie es den ganzen Sommer gewesen ists auch noch. Lieben Kinder vom 4ten bis 8ten haben wir Mannöver, wenn wir da man erst mit durch wären. Wir kriegen noch viele Arbeit, wie es heißt soll der Kaiser auch kommen. Lieben Kinder, ich höre auf, die Buchstaben Tanzen mir vor die Augen, meine Augen werden schlecht. Gute Nacht geliebten Kinder schlaft wohl. Viele herzliche Grüße und Küße an unsre lieben Kleinen. Auch viele herzliche Grüße und Küße an Euch nun lebt wohl aufs wiedersehen.
Euer liebender Vater
H. H. Schröder
(…)

Rothersandthurm 30/9. 88
Lieben Kinder
Ich hoffe das ich mit mein Schreiben Euch bei guter Gesundheit antreffe, welches ich Gott sei Dank auch bin. Euern mir so lieben Brief habe ich erhalten und mich sehr dazu gefreut nahmentlich als ich daraus alle Eure Gesundheit ersah. Nun sage ich einen herzlichen Glückwunsch zu meinen kleinen Fritz seinen Geburtstag. Ich wünsche Ihm eine beständige Gesundheit in diesem Jahr und ein frohes Wiedersehen. Ich freue mich das er mit Mutter gewesen ist nach Deichshausen, nach seinem Stedingerland, denn ich weis welche Freude er sich daraus macht.

Lieber Friedrich bist du denn schon weg oder hast Du Deinen neuen Posten schon angetreten. Ich wünsche Dir das beste laß Dir die Zeit man nicht lang werden, dann bitte schreibe mir auch mal wie es Dir geth in Kiel, ich werde Dir auch mal schreiben. Ich kann Dir man nichts neues schreiben, denn hier ist immer das ewige einerlei.

Lieben Kinder lebet recht wohl diesen Winter und thut Euch was zu gute, laßet Euch die Zeit man nicht lang werden ich muß hier leider noch lange sitzen ehe ich mal wieder an Land komme. Bis Mai habe ich erst noch Zeit ehe ich da wieder an denken kann. Liebe Tochter Du schreibst mir von einen Waschtisch, den will ich Dir schenken zu Deinem Geburtstag. Den bestelle da in Bremen, laß ihn machen wie Du ihn haben willst. Hier habe ich kein rechtes Holz und kein Platz dazu. Es ist allerwärts finster ich kann nirgends mit der Hobelbank hin, die Blumenbank kann ich hier noch wohl machen.

Lieben Kinder, wie geths Euch denn noch alle, jetzt scheint das schöne Wetter aus zu sein und unsre lieben Kleinen sind wieder mehr aufs Haus angewiesen, nun hast Du liebe Tochter wieder mehr Deine Last damit. Na, sie können Dir schon etwas erzählen und Dir die langen Winterabende verkürzen. Na, wenn Mutter da wieder kommt laß unsern Fritz noch man mal mitgehn noch seinem Stedingerland, oder Hermann oder Tine gehen alle gleich gerne mit, das weis ich wohl. Mutter hat sie auch alle gerne bei sich. Grüße Mutter auch herzlich von mir und sage Ihr das Sie auch was gebraucht für Ihre Hände, die immer Weh thun. Tine kann mir wohl schon par Zeilen schreiben. Ich denke das Mutter zu Markt noch mal wieder kommt, dann gehet man man mal hin und laßet Hermann und

Fritz auch mal reiten und Tine mal fahren in der Kutsche. Auch unsre kleine Gretchen muß doch mit zu Markt wird sich wohl freuen über all die bunten Lichter.

Mit mir ist es unbestimmt wann ich es noch mal wieder kriege, un wer weis ob ich dann auch noch Lust habe um mal hinzugehn. Na ich denke unsre lieben Kinder werden mir Lust dazu machen. Ich bin hier auf Bremerhaven auf Markt gewesen mit Mutter. Mutter hat mir einen dicken Kuchen gekauft den werde ich bis Weihnachten aufbewahren. Daran kannst Du man denken wenns Weihnachten ist das ich den Kuchen verzähre.

Nun lebet wohl lebet alle recht wohl aufs Wiedersehen lebet wohl und vergesse auch nicht das Schreiben denn es macht mir jedesmal viele Freude. Mit viele herzliche und innige Küße von Euern Liebenden Vater und Großvater

H. H. Schröder

Rothersandthurm 14/10 88

Liebe Tochter

Ich hoffe das ich Euch mit mein Schreiben bei guter Gesundheit antreffe, welches ich Gott sei Dank auch noch bin. Hoffe, das Du meinen Brief mit guter Gesundheit erhalten hast. Er war nur schon etwas alt geworden, denn er war schon einmal unterwegs und der Dampfer hat ihn wieder zurückgeschickt. Hatte die Telegraphenpapiere mitgenommen und meine Briefe hatte er wieder geschickt, davon ist es so lange gedauert, sonst hättest Du den Brief schon den Ersten erhalten.

Liebe Tochter wie geths denn unsere lieben Kleinen hoffe das sie noch alle wohl sind und spielen noch auf der Straße, es wird bisweilen schon recht kalt, wenn ich Dir bitten darf denn halte sie man bischen zu Haus damit sie sich nicht Erkälten. Dein lieber Friedrich ist wohl nach Kiel bei seinem Dampfer. Bitte wenn Du ihm schreibst Ihm einen herzlichen Gruß von mir zu schreiben. Wie geths Dir denn liebe Tochter hast Du Deine Kartoffeln schon? Wenn du Geld benötigt bist, dann sage Mutter es, die wird Dir wohl was geben und dann man ein fröhlichen Markt und kauft Euch man einen ordentlichen Kuchen. Ich werde Dir das Geld dafür wieder geben, wenn ich mit Gottes Hülfe wieder zu Haus komme. Hörst wohl wenn es nicht zu kalt ist laß meinen Fritz man noch mal mit nach seinem Stedingerland gehen. Das schlimmst ist man wenn er da mal krank werden sollte.

Wie geths Euch denn mit Obst, habt Ihr schon was erhalten? Ich habe auch welche bekommen von Mehldau schöne Birnen 8 Stück hat Mauen mir mit gebracht. Dieses Jahr muß ich mir welche schicken laßen, ich hoffe Mutter sendet mir auch welche auch möchte ich noch etwas trockene Grünte, hat du noch wohl welche? Ich denke Denecke bringt mir noch welche mit. Denecke seine Frau ist von ihm abgelaufen.

Dat ist auch schöne Geschichte nit wahr, erst so kurz verheirathet und jetzt schon wieder von einander gelaufen.

Nun lebt Wohl lieben Kinder, der Winter wird mir noch sehr lang werden, na wenn ich man gesund bleibe geth die Zeit auch hin, hoffe das ich dann im Mai meinen Urlaub bekomme. Schlimm das Düsmann seine Frau so schnell verlohren hat.

Nun allen herzliche Grüße und ein herzliches Lebewohl an unsre lieben Kleinen.

Einen herzlichen Glückwunsch zu unsre kleine Grethchen Ihrem Geburtstag. Ein Geschenk bitte ich von Mutter anzunehmen denn ich bin zu weit von Euch entfernt. Herzlichen Gruß an Mutter wenn Sie Euch besucht. Zu Markt wird Sie noch wohl mal kommen.

Mit herzlichen Grüßen und Küßen von Deinem Dich liebenden Vater

H. H. Schröder

Der Leuchtturmwärter Hermann Hinrich Schröder ist zwei Wochen nach seinem letzten Brief, am 2. 11. 1888 auf dem Roten Sand verstorben. Er wurde in Segeltuch gehüllt nach Deichshausen überführt und dort am 6. 11. 1888 begraben.

Ablösung: Erst kamen die Versorgungsgüter an Bord, dann die neue Mannschaft. Wenn die schwere Eisentür wieder geschlossen war, wurde erst einmal „teatime" gemacht ...

Leben an Bord

Gerhard Ostermann hat von 1949 bis 1958 auf dem Leuchtturm Roter Sand Dienst gemacht, Erich Schmidt von 1953 bis 1955. Das ist nun zwar schon eine ganze Zeit her, aber beide erinnern sich sehr gut und offensichtlich auch sehr gern an das Leben an Bord.

Das begann mit der Ablösung. Die Länge der Schichten veränderte sich im Lauf der letzten hundert Jahre häufig. Selten kann das Schiff direkt am Turm anlegen, Wetter und Seegang erlauben das kaum einmal.

Der Tonnenleger fuhr zum Roten Sand und dann weiter zum Feuerschiff. Die wurden ja auch abgelöst. Die Ablösung ging bei uns so vonstatten: Das Schiff bekam eine Leinenverbindung, am Turm wurde an einer Rolle ein Korb befestigt, und darin wurden die Wärter hochgezogen. Man muß sich das so ähnlich wie eine Hosenboje vorstellen.

Aber nicht nur die Besatzung mußte an oder von Bord, erst kamen die Vorräte an die Reihe:

Da kam erst mal der dicke Wasserschlauch, der wurde angebunden. Dann kamen zehn Tonnen Wasser rüber. Dann vielleicht 50 Zentner Kohlen.

Gelegentlich hatte das Übersetzmanöver auch noch eine andere Funktion:

Bei der ersten Fahrt eines „Neuen" machte sich die Besatzung natürlich einen Ulk daraus, mal so'n bißchen wegzufieren, ein bißchen tiefer als üblich, und dann konnte es passieren, daß der nun einen nassen Hintern bekam. Bei schlechtem Wetter passierte das auch leicht mal, daß das Schiff sich überlegte. Dann konnte die Windentrommel soviel Lose gar nicht so schnell fassen, und der Korb rauschte ins Wasser.

Und nach der Ablösung?

Da wurde erstmal teatime gemacht, da gab's erstmal 'ne Tasse. Dann wurde die Post verteilt. Und dann mußten wir natürlich erzählen, was wir an Land erlebt hatten.

Der Leser möge bedenken: Wir befinden uns noch in der Vor-Fernseh-Zeit. Und auch in mancher anderen Hinsicht waren die technischen Hilfsmittel auf dem Turm nicht auf dem heutigen Stand. Deshalb galt die erste Sorge den Vorräten.

Als wir noch keinen Kühlschrank hatten, wurde teilweise noch eingekocht. Wir haben von Räucherspeck und Kochwürsten gelebt. Die ersten Tage gab es Frischfleisch, und einiges wurde eingesalzen.

Von zu Hause wurde auch Gemüse mitgebracht. Bohnen zum Beispiel, die dann an Bord fertiggemacht wurden. Da fällt mir auch der „Porreemillionär von Bremerhaven" ein. Der hat immer erzählt: „Ja, Porree hab ich Millionen im Garten." „Bring doch welchen mit", haben wir ihm gesagt. Und dann kam er mit drei Stengeln an. Seitdem hieß er dann der Porreemillionär.

Einer der Grundsätze auf dem Turm: Wer zuletzt kommt, der kocht. Wer Zweifel an seiner Begabung oder seiner Erfahrung hatte, bekam eine klare Dienstanweisung:

Da haben wir dann gesagt: 2 Tage Erbsen, Bohnen, Linsen, dann Gulasch, dann fängst Du wieder von vorne an, und dann ist Ablösung.

Gelegentlich erfuhr die Speisekarte auch eine unerwartete Bereicherung:

Wie ich da kam, hatte Gerd so was Schönes in der Pfanne, das sah aus wie kleine Rouladen. Das waren aber Krammetsvögel. Die waren gegen den Turm geflogen, und da hat er sie eingesammelt. Bei unsichtigem Wetter wurden die Vögel vom Licht angezogen, gehn unterdurch und fliegen dabei gegen den Turm. Später, auf Alte Weser, hatten wir darum auch die Vogelschutzlampen, mit denen der ganze Turm angestrahlt wurde.

Auch das Angeln war nicht nur Freizeitbeschäftigung:

Makrelen und Dorsche haben wir geangelt. Und im Frühjahr waren die dicken Krebse soweit, die Taschenkrebse. Da wurde ein Netz runtergelassen mit Knochen drin. Das dauerte gar nicht lange, so fünf bis zehn Minuten, dann haben wir es wieder hochgehievt, da waren die dicken Krebse drin. Die haben wir gekocht und auf dem großen Holzbrett mit dem Pfundgewicht von der Waage geknackt.

Nicht alle tierischen Gäste gingen den Weg in die Küche. Viele von ihnen waren Pfleglinge:

Das machte Spaß, Tiere zu pflegen. Wir hatten auch einen Eichelhäher, einen Bussard, einmal sogar einen Islandfalken. Die haben wir dann rübergegeben in die Tiergrotten. Auch Heuler, Robbenbabys, hatten wir öfter. Die haben wir solange gepflegt, bis ein Fahrzeug kam.
Als Leuchtturmwärter muß man schon ein bißchen naturverbunden sein. Sonst paßt man da überhaupt nicht hin.
Während der Sommermonate waren Besucher nicht selten. Und nicht immer waren es Dienstgeschäfte, die den Anlaß für die Fahrt zum Leuchtturm gaben:
Wir hatten viele prominente Besucher, Politiker, Filmschauspieler, Marineleute. Und viel Besuch von Segelyachten. Die machten eine Segeltour zum Roten Sand oder nach Wangerooge. Einmal kam sogar einer im Faltboot. Das war ein Lehrer aus Bremervörde. Der hatte 'ne Wette gemacht, daß er hier rauspaddelt und dann wieder zurück. Ja, zurück käme er nicht wieder, sagten wir ihm, er müsse gegen die Tide. Er hat's dann aber doch gemacht, und sie haben ihn unterwegs aufgepickt, als er nicht mehr weitergekommen ist. Da war viel Leichtsinn dabei. Der Turm hatte viele gute Freunde, nicht nur unter den Heringsfischern, es gab wohl auch noch eine ganze Reihe Firmen, die Interesse an dem Turm hatten.
Dieses Interesse hing oft mit den dienstlichen Aufgaben zusammen, zu denen auch der Schiffsmeldedienst gehörte. Genauso wie die Meldung von Seenotfällen, meist bei Sportfischern.
Wir haben auch Raketen abgeschossen, wenn welche auf dem falschen Kurs waren, Dampfer, die plötzlich über die Nordergründe wegwollten; Ausländer, die überhaupt nicht mehr wußten, wo sie längs mußten. Denen haben wir dann welche vor den Bug gesetzt mit Knallpatronen, damit sie beigedreht sind. Dann kam der Lotsendampfer und hat ihn dann weitergeleitet. Das kam oft vor.

Wen wundert es, daß in einem solchen Gespräch die Erinnerung an die tausendfach wiederholten Alltagsarbeiten in den Hintergrund tritt? Wartung und Betrieb der Lichter, der Blenden, der Glocke; Wetterbeobachtungen, Wasserstands- und Eismeldungen, Beobachtung der Tonnen, Telegraphen- und Funkdienst sind vor allem dann im Gedächtnis geblieben, wenn kleinere Störungen die Sache interessant machten. Alles andere kann man ja sowieso besser in Dienstbüchern und Registern nachlesen...
Dort fehlen dann so pfiffige Geschichten wie die von der Dusche:
Damals hatten wir zuhause noch keine Zentralheizung und keine Badewanne. Aber auf dem Turm hatten wir uns eine Dusche gebaut! Wir hatten einen 3000-Liter-Kühlwasserbehälter für die Maschinen. Da haben wir einen Marmeladeneimer genommen, Löcher reingeschlagen, 'ne Handvoll Twist rein, Schlauch rein vom Wassertank. Das Wasser hatte so 40 bis 50 Grad, da haben wir dann druntergestanden und geduscht. Der Twist mußte zum Filtern rein. Da waren von der Maschine so Fettklumpen auf dem Wasser.
Der einzige, der dieser prächtigen Erfindung den Beifall versagte, war der Inspektor.
Eine andere, nicht weniger gelungene Idee: Das morgendliche Wecken mit Hilfe einer leeren Konservendose, die man die Treppe hinunterkullern ließ.
An dieser Stelle nun wurde auch die Geschichte von der Seeschlange berichtet:
Also, wenn so Orkan war, dann hab' ich da öfter ein paar Schlangen gesehen, die immer aus dem Wasser rauskamen. Ich war noch nicht so lange da, und da mag man noch nicht immer soviel fragen. Aber dann hab ich es erfahren: So um 1950 rum ist die Telefonleitung gerissen. Als die geflickt werden sollte, wurden ungefähr 20 Törns um den Turm gelegt und mit Ketten festgezurrt. Eine Woche später gab es einen Orkan. Da war das Kabel plötzlich verschwunden. Und das haben wir dann später öfter mal aufschwimmen gesehen.
Eine große Gefahr besteht natürlich, wenn solche Geschichten erzählt und weitererzählt werden: Leicht entsteht ein falsches Bild von der Arbeit und den Lebens-

Die geangelten Dorsche und Makrelen kamen gleich in die Küche – aufgenommene Robbenbabys und verletzte Vögel wurden gepflegt, bis ein Schiff kam und sie nach Bremerhaven in die Tiergrotten brachte.

Die Nebelglocke vom Roten Sand ist heute – mit dem dazugehörenden Uhrwerk – im Deutschen Schiffahrtsmuseum in Bremerhaven zu besichtigen.

verhältnissen an Bord. Geschichten von Leuchtturmwärtern gibt es viele, auf die unangenehmen oder unerfreulichen Seiten des Dienstes beziehen sie sich selten. Tatsächlich scheinen die in allen Erzählungen auch selten durch. Höchstens mal so:
Die schlimmsten Zeiten, wohl die einsamsten, also wo es ein bißchen einsamer war, waren so November bis Februar. Wenn die Nebelzeiten waren, also wenn die Glocke ging und Sturm war und es wurde überhaupt nicht mehr hell, dann ist man doch ein bißchen deprimiert. Wenn die Sonne fehlt...
Einer sitzt oben und mault, einer sitzt unten und macht sonstwas. Die Bücher hat man durch. Der Motor muß dauernd laufen, das Licht mußte dauernd brennen. Das sind Tage, wo es richtig einsam ist. Abwechslung bringt vielleicht ein richtiger Orkan...
Einer Legende muß noch entgegengewirkt werden: der von den tödlich verfeindeten Leuchtturmwärtern, die kein Wort mehr miteinander reden. Auf „Roter Sand" hat es so etwas, den sehr glaubwürdigen Berichten nach, nie gegeben. Natürlich sind die letzten Tage vor der Ablösung mal ein bißchen von allgemeiner Reizbarkeit bestimmt, aber:

... wenn wir dann an Bord vom Tonnenleger waren und reinfuhren, dann war alles vergessen. Dann waren wir bei unserem Skat und haben einen kleinen getrunken und dann war alles in Ordnung. Ich muß sagen, ich habe mich sehr wohl gefühlt da und ich denke noch oft an die Zeit zurück. Es war 'ne schöne Zeit. Im Vergleich zu „Alte Weser" möchte ich sogar sagen, daß es besser war. Obwohl dort alles hochmodern war.
Auch in dieser Hinsicht war der „Rote Sand" beliebt und wohl auch vom Glück begünstigt.   *Siegfried Stölting*

Leben an Bord

Der Aufenthaltsraum mit Küche, der eiserne Herd existiert heute nicht mehr, die gegenüberliegende „gemütliche Ecke" ziert eine Wandmalerei, signiert G. Wunder, 12. 11. 49 (Foto von 1985).

Von außen ist der Turm sicher viele tausendmal fotografiert worden, Innenaufnahmen sind ausgesprochen rar. Was zur Verfügung stand, haben wir auf dieser Seite zusammengetragen: Die Schlafkojen der Besatzung (1925), die Pegeluhr mit dem Wasserstandsschreiber, Ausguck an der Nebelglocke und Freizeit, eine Aufnahme um 1900, eine aus den 50er Jahren.

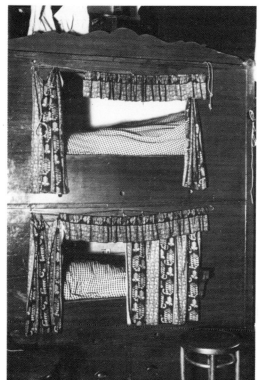

Leben an Bord

Besuch auf dem Roten Sand, hier der URAG-Schlepper „Unterweser 11" oder „-12". Aufenthalte von Wissenschaftlern, Behördenmitarbeitern oder Handwerkern auf dem Turm waren während des Sommerhalbjahres nicht selten. Aus der Zeit vor dem Ersten Weltkrieg wird auch von häufiger militärischer Einquartierung bei Versuchen und Manövern berichtet.

Das Versorgungsschiff kommt: Zuerst wird eine Leinenverbindung hergestellt, damit Heizmaterial, Nahrungsmittel und Trinkwasser übernommen werden können.

Leben an Bord

Kein vorbeifahrender Passagier hat die Möglichkeit, den Turm so aus der Nähe, aus dieser Perspektive zu sehen; die Ästhetik des Bauwerks mit allen Einzelheiten, die akkuraten Nietreihen, die Rundungen der Erker mit den angehängten eisernen Tüten.

Obgleich diese Dienstanweisung wenige Wochen vor Inbetriebnahme des Leuchtturms Roter Sand herausgegeben wurde, galt sie wohl nicht speziell für das Personal des neuen Turmes, sondern für alle Leuchtturmwärter der Region.

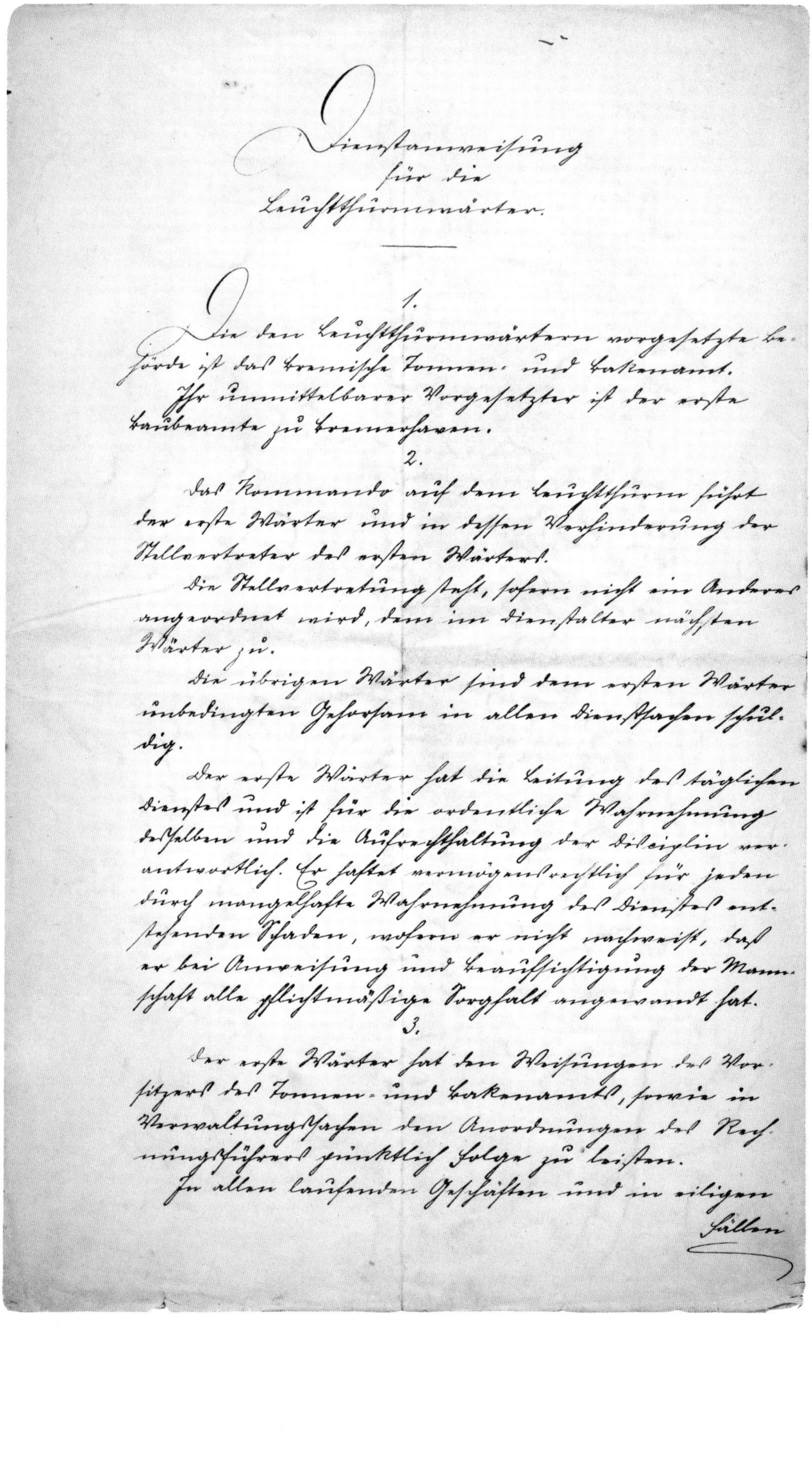

Dienstanweisung für die Leuchtthurmwärter.

1.

Die den Leuchtthurmwärtern vorgesetzte Behörde ist das Bremische Tonnen- und Bakenamt.

Ihr unmittelbarer Vorgesetzter ist der erste Bakenbeamte zu Bremerhaven.

2.

Das Kommando auf dem Leuchtthurme führt der erste Wärter und in dessen Verhinderung der Stellvertreter des ersten Wärters.

Die Stellvertretung steht, sofern nicht ein Anderes angeordnet wird, dem im Dienstalter nächsten Wärter zu.

Die übrigen Wärter sind dem ersten Wärter unbedingten Gehorsam in allen Dienstsachen schuldig.

Der erste Wärter hat die Leitung des täglichen Dienstes und ist für die ordentliche Wahrnehmung desselben und die Aufrechthaltung der Disziplin verantwortlich. Er haftet vermögensrechtlich für jeden durch mangelhafte Wahrnehmung des Dienstes entstandenen Schaden, insofern er nicht nachweist, daß er bei Anweisung und Beaufsichtigung der Mannschaft alle pflichtmäßige Vorsicht angewandt hat.

3.

Der erste Wärter hat den Weisungen des Vorsitzers des Tonnen- und Bakenamts, sowie in Verwaltungssachen den Anordnungen des Rechnungsführers pünktlich Folge zu leisten.

In allen laufenden Geschäften und in eiligen Fällen

Fällen hat er seinem unmittelbaren Vorgesetzten zu berichten und dessen Anordnungen zu befolgen. Sonstige Anträge und Berichte hat er an den Vorsitzer des Tonnen- und Bakenamts zu richten.

Wenn er gegen die Anordnungen seines unmittelbaren Vorgesetzten Einwendungen zu erheben hat, hat er ihm frei dieselben dem Vorsitzer des Tonnen- und Bakenamts vorzutragen. Er ist dazu verpflichtet, wenn die gedachten Anordnungen nach seiner Ansicht dem Dienste auf dem Leuchtthurme nachtheilig sind.

4.

Die Wärter sind gegen monatliche Besoldung unter den für die nicht pensionsberechtigten Seemännischen Beamten geltenden Bedingungen angestellt.

Dem Tonnen- und Bakenamte steht ebenso wie den Wärtern das Recht zu, das Dienstverhältniß nach vorgängiger dreimonatiger Kündigung zu lösen.

Außerdem behält das Tonnen- und Bakenamt sich das Recht vor, jeden der Wärter auf einen anderen Leuchtthurm zu versetzen, ihn vom Dienste zu suspendiren und anzuordnen, daß er den Leuchtthurm verlasse. Im Falle der Suspendirung vom Dienste wird die Besoldung bis zum Tage der Entlassung aus dem Dienste weitergezahlt.

5.

Den Wärtern liegt ob:

1. Die Bedienung der Lichter nach Maßgabe der deshalb ihnen ertheilten besonderen Anweisung.
2. Die Reinhaltung des Thurms, welche täglich zu geschehen hat, und die Instandhaltung des Inventars.

„Der erste Wärter hat die Leitung des täglichen Dienstes und ist für die ordentliche Wahrnehmung desselben und die Aufrechterhaltung der Disciplin verantwortlich. Er haftet vermögensrechtlich für jeden durch mangelhafte Wahrnehmung des Dienstes entstehenden Schaden, sofern er nicht nachweist, daß er bei Anweisung und Beaufsichtigung der Mannschaft alle pflichtgemäße Sorgfalt angewandt hat." (2)

„Den Wärtern liegt ob:
Die Bedienung der Lichter, ... Die Reinhaltung des Thurms, ... Die Führung der Dienstbücher, ... Der Signaldienst, ... Der Signalverkehr, ... Die Wahrnehmung des Telegraphendienstes..."
(5)

Bei jeder Ablösung des ersten Wärters hat derselbe seinem Nachfolger oder Stellvertreter das Verzeichnis der Inventarstücke vorzulegen und von demselben dessen Richtigkeit oder die etwa vorgefundenen Abweichungen unter dem Verzeichnisse bescheinigen zu lassen.

3. Die Führung der Dienstbücher, in welche einzutragen ist:

a. jedes Vorkommnis von irgend erheblicher Bedeutung, namentlich alles was den Thurm und die Leuchtapparate betrifft.

b. die Zeit vom Anzünden bis zum Auslöschen der Lichter und der tägliche Oelverbrauch, sowie am letzten Tage jedes Monats der vorhandene Oelvorrath.

c. die Sichtbarkeit der Lichter auf den Thürmen und Leuchtschiffen des Reviers nebst Bemerkung über die Füllung des Mondes.

d. der Stand des Barometers und des Thermometers, das Wetter und die Stärke und Richtung des Windes, täglich um sechs Uhr Morgens, um Mittag und um Mitternacht.

e. die beobachteten Wasserstände.

4. Der Signaldienst, einschließlich der Führung eines Tagebuchs über die Sturmsignale, sofern ein solches besonders angeordnet ist, und zwar:

a. Aufziehen eines runden Korbes, sobald Treibeis sichtbar wird;

b. Aufziehen zweier runder Körbe, wenn Eisgang das Vormarschen der Schifffahrt unterbricht;

c. Aufziehen der Sturmsignale, sofern dasselbe für den betreffenden Thurm angeordnet ist, und Berichterstattung an die Vorwacht.

5. Der Signalverkehr mit ein- und ausgehenden Schiffen

Schiffen und die Beförderung der in Folge dessen erforderlichen Telegramme.

6. Die Wahrnehmung des Telegraphendienstes nach Anweisung der Telegraphenbehörde.

7. Die telegraphische Allarmirung der Rettungsstationen, wenn vom Thurme aus die Anlaß dazu beobachtet wird.

8. Telegraphische Meldung an das Tonnen- und Bakenamt über die Bewegungen der Leuchtschiffe von und nach ihrer Station, über beobachtete Schiffsunfälle, sowie über Vertreiben, Verschlaggen und Anzeigen von Verzeichen.

6.

Das Tonnen- und Bakenamt behält sich vor, außer den in §5 benannten Geschäften noch andere Beobachtungen, Eintragungen oder sonstige Verrichtungen den Wärtern aufzutragen, ohne daß diesen daraus ein Anspruch auf Vergütung erwächst.

7.

Die Vertheilung der Geschäfte unter das Wärterpersonal steht dem ersten Wärter zu. Derselbe hat dabei auch möglichst gleiche Vertheilung der Arbeit zu sehen und für seine Person ebenso viel Arbeit zu übernehmen, wie die übrigen Wärter.

8.

Bei Strafe sofortiger Dienstentlassung ist es verboten, Spirituosen ohne Genehmigung der vorgesetzten Behörde auf den Thurm zu schaffen oder daselbst aufzubewahren.

Trunkenheit wird mit sofortiger Dienstentlassung bestraft.

9.

Der erste Wärter hat jeden Fall von Widersetzlichkeit und jede Ordnungswidrigkeit, welche er nicht selbst

sofort

„Bei Strafe sofortiger Dienstentlassung ist es verboten, Spirituosen ohne Genehmigung der vorgesetzten Behörde auf den Thurm zu schaffen oder daselbst aufzubewahren. Trunkenheit wird mit sofortiger Dienstentlassung bestraft." (8)

„Jeder Wärter hat Anspruch auf einen außerhalb des Thurmes zuzubringenden Urlaub von zwei Monaten, sofern der Dienst es gestattet." (10)

sofort hat abhelfen können, in das Tagebuch des Thurms einzutragen, auch in dringenden Fällen sofort darüber an seinen Vorgesetzten zu berichten.

Die übrigen Wärter sind berechtigt, etwaige Beschwerden über den ersten Wärter entweder bei dem Vorgesetzten in Bremerhaven oder bei dem Tonnen- und Bakenamt anzubringen oder in das Tagebuch des Thurms einzutragen.

10.

Jeder Wärter hat Anspruch auf einen außerhalb des Thurms zuzubringenden Urlaub von zwei Monaten, sofern der Dienst es gestattet. Der erste Wärter hat die Urlaubszeiten für die einzelnen Wärter nach vorab eingeholter Genehmigung des Vorgesetzten in Bremerhaven festzustellen. Unter keinen Umständen darf er einen Mann vom Thurme entlassen, wenn die Sicherheit des Dienstes dadurch gefährdet werden könnte.

Sobald der erste Wärter selbst seinen Urlaub antritt, hat er dies, sowie die verfügte Stellvertretung, und ebenso nach dem Ablauf des Urlaubs den Wiederantritt seines Dienstes dem Vorgesetzten in Bremerhaven zu melden.

11.

Der erste Wärter hat den Proviant und die für den Thurm gelieferten Gegenstände selbst zu empfangen und unter seiner persönlichen Verantwortung alle nicht guten oder nicht haltbaren Artikel zurückzugeben.

Er hat sich von der richtigen Quantität des Gelieferten zu überzeugen und darüber Buch zu führen, auch über jede Sendung dem Vorgesetzten in Bremerhaven eine Empfangsbescheinigung sofort zuzustellen.

12.

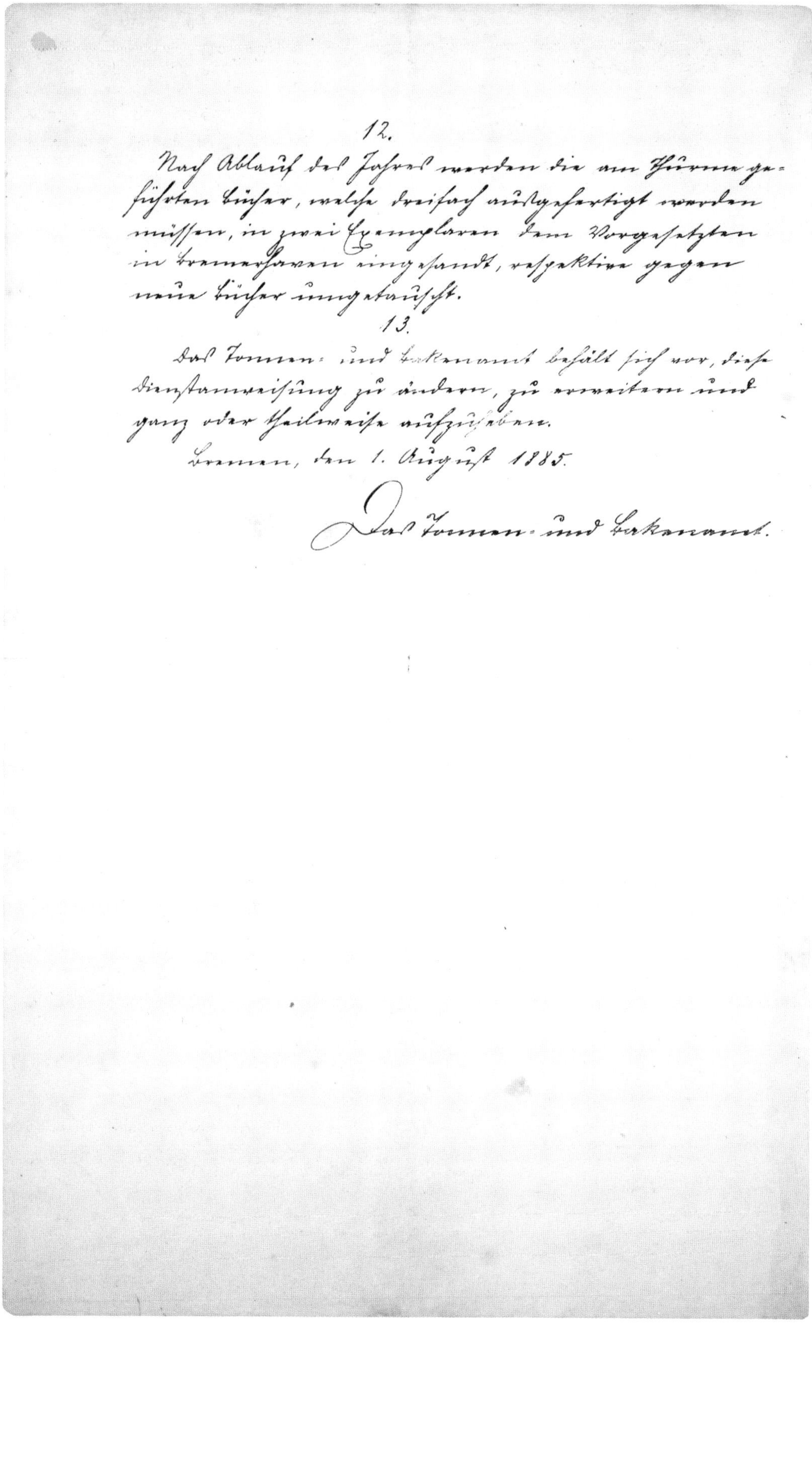

Dienstanweisung

12.
Nach Ablauf des Jahres werden die an Bord geführten Bücher, welche dreifach ausgefertigt werden müssen, in zwei Exemplaren dem Vorgesetzten in Bremerhaven eingesandt, respektive gegen neue Bücher umgetauscht.

13.
Das Tonnen- und Bakenamt behält sich vor, diese Dienstanweisung zu ändern, zu erweitern und ganz oder theilweise aufzuheben.

Bremen, den 1. August 1885.

Das Tonnen- und Bakenamt.

Die Form dieses Schriftstücks (handschriftlich-gedruckt) belegt, daß es sich keineswegs um einen Entwurf gehandelt hat. Trotzdem ist anzunehmen, daß die Vorschrift nicht lange Gültigkeit hatte und zumindest für den Roten Sand (siehe Briefe von H. H. Schröder) in der Dienstzeit- und Urlaubsregelung geändert worden ist.

Bremerhaven
den 19 Janr 88.
Leuchtthurm Rothesand!
Es ist Klage darüber geführt daß die Art des Anschlagens der dortigen Glocke mit dem Läuten an Schiffen verwechselt werden könne.
Ich habe deßhalb veranlaßt, daß für dort ein bestimmtes Nebelsignal vorgeschrieben wird & telegraphirte heute deßhalb, die Glocke 3 Mal anzuschlagen.
Hierneben sende noch die betr. Bekanntmachung des Tonnen und Bakenamts.
Die Hafenbau Direction:
Hanckes

Dienstbriefe

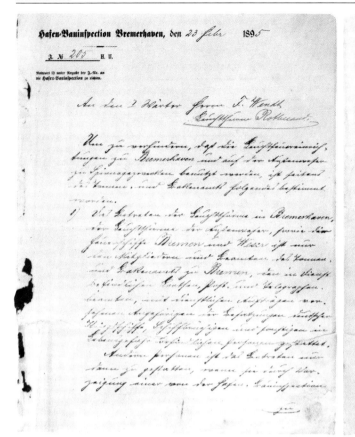

Hafen-Bauinspection Bremerhaven,
den 23 Febr 1895
J.№ 205 H.U.
An den
I Wärter Herrn F. Wendt
Leuchtthurm Rothesand.
Um zu verhindern, daß die Leuchtfeuereinrichtungen zu Bremerhaven und auf der Außenweser zu Spionagezwecken benutzt werden, ist seitens des Tonnen- und Bakenamts folgendes bestimmt worden.

1) Das Betreten der Leuchtthürme in Bremerhaven, der Leuchtthürme der Außenweser, sowie der Feuerschiffe Bremen und Weser ist nur den Mitgliedern und Beamten des Tonnen- und Bakenamts zu Bremen, den in Dienst befindlichen Lootsen, Post- und Telegraphenbeamten, mit dienstlichen Aufträgen versehenen Angehörigen der Besatzungen deutscher Kriegsschiffe, Schiffbrüchigen und sonstigen in Lebensgefahr befindlichen Personen gestattet.
Andern Personen ist das Betreten nur dann zu gestatten, wenn sie durch Vorzeigung einer von der Hafen-Bauinspection (Faksimile) zu Bremerhaven ausgestellten Erlaubnißkarte sich legitimieren.

2) Die Anfertigung von Notizen, sowie die Aufnahme von Scizzen, Photographien und Zeichnungen ist während des Besuchs der Leuchtthürme und Feuerschiffe nur den im Dienste des Tonnen- und Bakenamts stehenden Personen oder solchen Personen gestattet, welche mit von der Hafen-Bauinspection zu Bremerhaven ertheilter, ausdrücklicher Erlaubniß dazu versehen sind.

Sie werden hierdurch angewiesen den vorstehenden Bestimmungen entsprechend zu verfahren, die Personen, denen auf Grund derselben ein Betreten der Leuchtfeuereinrichtungen nicht zusteht, bestimmt zurückzuweisen.
Die Namen sämmtlicher Besucher aber in das Fremdenbuch einzutragen.
Zuwiderhandlungen gegen diese Bestimmungen, welche Sie als einen Bestandtheil der Ihnen zur dortigen Wahrnehmung Ihres Dienstes ertheilten Dienstanweisung anzusehen haben, werden mit Geldstrafen, im Wiederholungsfalle aber mit Entlassung geahndet.
Die Hafen-Bauinspection
Rudloff

Hafen-Bauinspection Bremerhaven,
den 21 Septbr 1895.
J.№ 886 H.U.
Vertraulich.
An den Oberwärter Herrn F. Wendt
Leuchtthurm Rothesand.

Um zu verhindern, daß fremde Kriegsschiffe sich ohne Erlaubniß der Kaiserlichen Marine unserer Küste nähern, werden Sie hierdurch angewiesen, sofort beim Insichtkommen eines solchen fremden Schiffs und nachdem Sie dasselbe gehörig ausgemacht haben, telegraphisch dem Stations-Commando in Wilhelmshaven darüber Mittheilung zugehen zu lassen.

Ich ersuche Sie, das Ihnen unterstellte Personal entsprechend zu instruiren.

Die Hafen-Bauinspection.
Rudloff
Bauinspector.

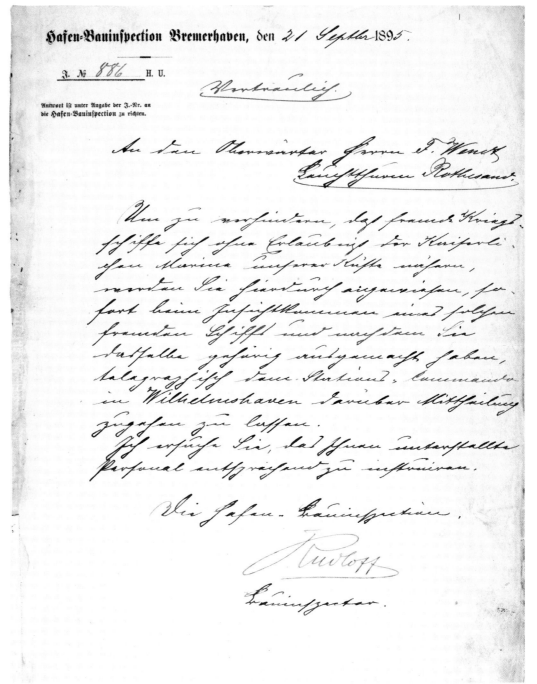

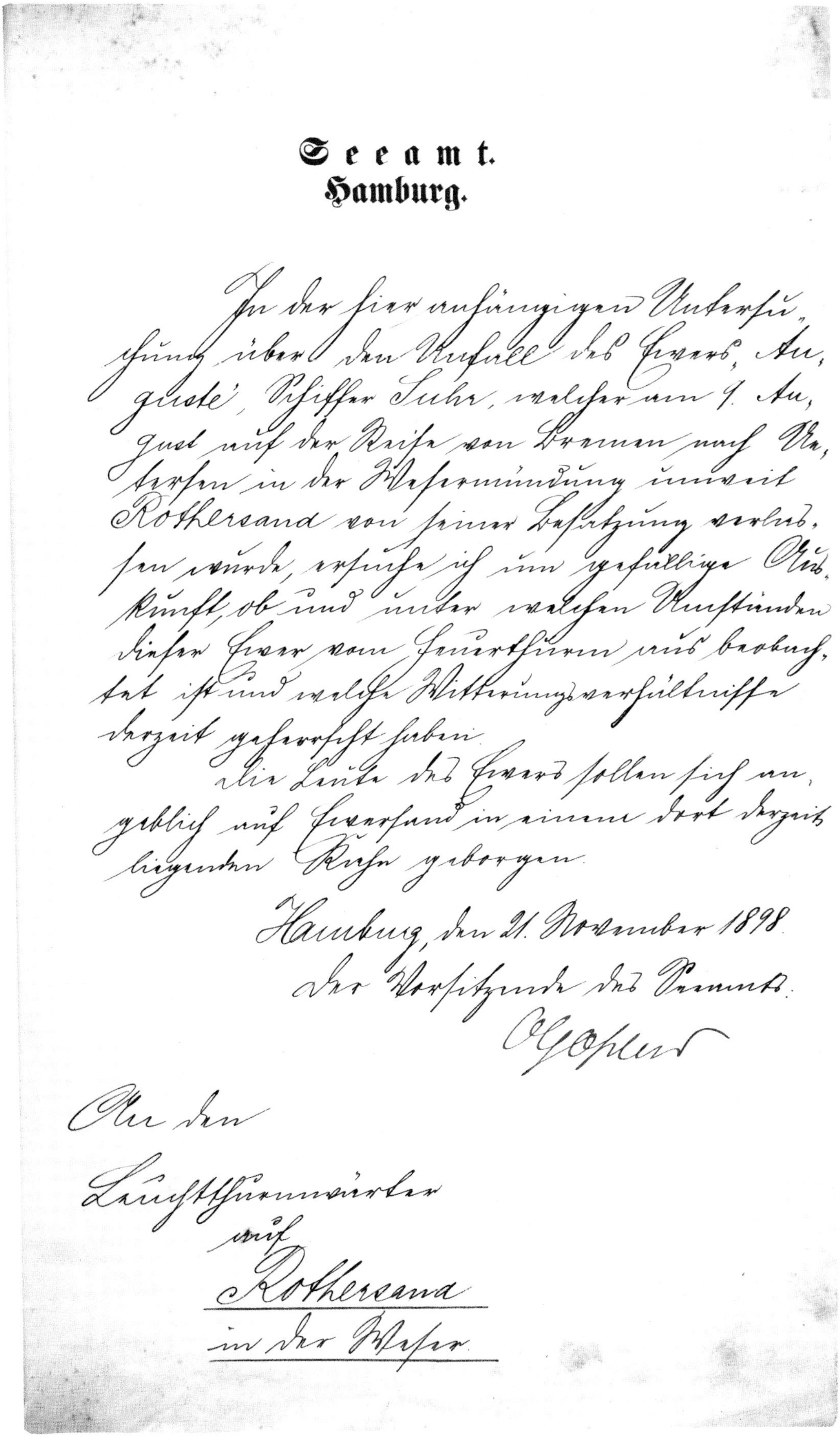

Seeamt Hamburg.

In der hier anhängigen Untersuchung über den Unfall des Ewers „Auguste", Schiffer Suhr, welcher am 9. August auf der Reise von Bremen nach Uetersen in der Wesermündung unweit Rothersand von seiner Besatzung verlassen wurde, ersuche ich um gefällige Auskunft, ob und unter welchen Umständen dieser Ewer vom Feuerthurm aus beobachtet ist und welche Witterungsverhältnisse derzeit geherrscht haben.

Die Leute des Ewers sollen sich angeblich auf Ewersand in einem dort derzeit liegenden Kahn geborgen.

Hamburg, den 21. November 1898.

Der Vorsitzende des Seeamts:

Unterschrift (unleserlich)

An den
Leuchtthurmwärter
auf
Rothersand
in der Weser

Hafen-Bauinspektion
Bremerhaven.
J.№ 637 T.B.
Bremerhaven,
den 30.Septbr. 1909.
<u>Ganz Geheim!</u>
Herrn
Oberwärter Kornberg
<u>Leuchtturm Rothesand</u>
1.) Anliegend erhalten Sie ein „ganz geheim" zu behandelndes und zuverlässigst aufzubewahrendes Schreiben. Dasselbe ist nur zu öffnen und nach dem Inhalt zu verfahren:
a) nach Erlaß des Mobilmachungsbefehls,
b) auf telegraphischen Befehl: „Ausguck halten".
2.) Am 1. Juni und 1. November jeden Jahres wollen Sie eine kurze Mitteilung in nachstehender Form an die Hafen-Bauinspektion senden:
Hafenbauinspektion Bremerhaven.
Das Schreiben G.G. k .... befindet sich bei mir in sicherem Gewahrsam und unverletzten Zustand; wovon ich mich am heutigen Tage persönlich überzeugt habe.
Unterschrift ....

3.) Das anliegende Schreiben darf unter keinen Umständen in fremde oder gar Feindeshand fallen und ist gebotenenfalls vollkommen zu vernichten.
4.) Sollten die Siegel bezw. die Kouvertierung verletzt oder gar das Fehlen des Schreibens bemerkt werden, so ist hiervon der Hafen-Bauinspektion unverzüglich Meldung zu machen, im Fall des Fehlens telegraphisch.
Rudloff
Baurat

Die Fischereigesellschaften an der Unterweser, wie auch andere Firmen, ließen sich regelmäßig von der Telegraphenstation auf dem Roten Sand ihre einlaufenden Schiffe melden. Da auch der mitgeführte Fang signalisiert wurde (gelbe Flagge 10 Last, blaue Flagge 1 Last), konnten im Vorwege der Verkauf organisiert und Löschen und Liegezeit disponiert werden.

Elsflether Herings-Fischerei-Gesellschaft.

Telegramm-Adresse: Heringfischerei, Elsfleth.
Telephon № 1.

Bank-Konto:
Elsflether Bankverein, Elsfleth.

Elsfleth, den 10. Juli 1911.

An das Feuer und Bakenamt
Abt. Telegraphen-Station Rothersand Leuchtturm

Bremerhaven.

Im vorigen Jahre ist es verschiedentlich vorgekommen, dass uns von dort beim Einkommen unserer Schiffe der Fang nicht mit gemeldet ist. So ist uns auch heute bei der Meldung unseres Loggers "Hammelwarden" der Fang n i c h t mit aufgegeben, was für uns sehr unangenehm ist, da wir, wenn wir in einer Zeit wie jetzt, nur erst wenig Schiffe herein bekommen, unsere Verkäufe resp. Dispositionen darnach treffen.

Da wir unsern sämtlichen Kapitänen bei einer zu zahlenden Strafe für die Gesellschaft Rettung Schiffbrüchiger auferlegt haben, beim Passieren dort auch den Fang mit zu melden, so möchten wir Sie bitten, für die Folge, wenn der Fang nicht gemeldet wird, eben mit zu melden " Fang nicht gemeldet", oder, wenn das Fangsignal nicht verständlich ist, " Fangsignal unverständlich".

Wir haben damit unsern Kapitänen gegenüber dann gleich eine Kontrolle resp. Nachweis um die Strafe zu erheben.

Hoffend, dass Sie für die Folge unserm Wunsche entsprechen, verharren wir

hochachtend
Elsflether Herings-Fischerei-Gesellschaft.
W. van der Laan

Dienstbriefe

Die Originale der Korrespondenzen mit den Leuchtturmwärtern befinden sich im Archiv des Wasser- und Schifffahrtsamtes Bremerhaven (Akte „Dienstbriefe Rothersand").

Der Staatssekretär
des Reichs-Marine-Amts.   Berlin, den 3. Mai 1913.

Abänderung der Verfügung vom 21. Dezember 1912 H. III. 9332.

Telegramme mit Nachrichten über die Bewegungen von Marineluftschiffen, welche von den Leuchttürmen und Feuerschiffen unmittelbar an Marinebehörden und Marinekommandos gerichtet sind, werden als Marinedienstangelegenheiten gebührenfrei befördert.

Der Telegraphenverkehr zwischen diesen Dienststellen und den Landesbehörden in der gleichen Angelegenheit, ist auch in reinen Marinedienstsachen kostenpflichtig, weil eine Gebührenfreiheit für Telegramme von Staatsbehörden nicht besteht.

Im Auftrage
gez. Dominik.

An das
    Kaiserliche Küstenbezirksamt V

                        Wilhelmshaven.

Abschriftlich
    Herrn Oberwärter Kornberg

                Leuchtturm Rothesand

zur Kenntnis und Nachachtung.

Bremerhaven, den 20. Mai 1913.
Der Staatsbaurat:

Der Leuchtturm in der Malerei 113

Das technische Interesse tritt hier in den Hintergrund: Auf dem Gemälde von E. Penning ist kein tatsächlich existierendes Schiff abgebildet, sondern ein Passagierschifftyp, wie er in der 2. Hälfte der 80er Jahre üblich war. Der Maler orientierte sich an den Schiffen der Flüsse-Klasse des Norddeutschen Lloyd. Leider ist kein Entstehungsjahr des Bildes angegeben.
Tatsächlich beginnt die Verwendung des Leuchtturms Roter Sand in der Malerei erst nach der Jahrhundertwende.

Meistens diente er den Malern als Staffage, als fester Punkt in der ständigen Bewegung oder um die Dimensionen vorbeifahrender Schiffe zu verdeutlichen.

Der Leuchtturm in der Malerei

Berühmtheit erlangten sie, als einer von ihnen als Bauwerk zu den sieben Weltwundern gezählt wurde, nämlich der Leuchtturm von Alexandrien. Dieser war aber auch ein Wunder der Standhaftigkeit; denn Anfang des 3. Jahrhunderts vor Christus errichtet, soll er erst um 1317 eingestürzt sein.

Der Leuchtturm von Alexandrien steht an der Spitze einer ganzen Liste berühmter und wichtiger Türme – und es sind gewiß manche Superlative dabei, die Technik, das Alter, die bauliche Schönheit oder die Geschichte betreffend.

Nun sollte man meinen, daß der Ruhm der Leuchttürme Maler aller Zeiten veranlaßt haben könnte, sie abzubilden. Sie taten dies jedoch vergleichsweise selten. Das soll nicht heißen, daß man Leuchttürme in der Kunst suchen muß wie die berühmte Stecknadel; immerhin findet man den Leuchtturm von Alexandrien auf amtlichen Münzen, und verschiedene Türme und Feuersäulen aus dem Mittelmeer sind in Mosaiken und Reliefs wiedergegeben. Auf den Gemälden des Claude Lorrain (1600 – 1682) von Häfen des Mittelmeers gehört neben den Schiffen, dem Kai und der Mole selbstverständlich auch das Hafenfeuer, der Leuchtturm, zum Bild des Hafens.

Ein dominanter Darstellungsgegenstand ist er bei Lorrain allerdings nicht.

Dann wird aber doch ein Leuchtturm Hauptsache auf einem Bild, und zwar der Turm von Eddystone auf einem Gemälde von Isaac Sailmaker (1633/34 – 1721). Das Bild ist nach 1709 entstanden; es ist dies das Datum der (zweiten) Fertigstellung des Turmes. Der 1697 begonnene erste Bau wurde 1703 vom Meer zerstört. Wahrscheinlich war es die herausragende Baumeister-Leistung, die den Eddystone-Leuchtturm so malenswert erscheinen ließ; denn seine Abbildung durch Sailmaker sollte kein Einzelfall bleiben.

Der Maler französischer Häfen und Hafenplätze des Mittelmeeres im 18. Jahrhundert war Joseph Vernet (1714 – 1789). Auch ihm war es wichtig, die Leuchttürme der Hafenstädte mit darzustellen. Bei seinen erfundenen Landeplätzen sind sie sogar wichtige Versatzstücke seiner phantasievollen Hafenarchitekturen und stürmischen Küstenszenerien. Hier bedeuten Leuchttürme Sicherheit und Verläßlichkeit an Land, und dies umso mehr, wenn Stürme Schiffbruch und Seenot bringen. Dagegen sind die Leuchttürme von Genua oder Neapel auch für Vernet nur Teile des äußeren Erscheinungsbildes dieser Städte.

So verstand es auch Domenick Serres (1722 – 1793), der auf einigen Vorlageblättern für Schiffstypen (Liber Nauticus, 1809) die beiden Türme von Neapel und Genua mit charakteristischen Wasserfahrzeugen jener Gegend zeigt. Übrigens taucht bei dieser Art Zeichnungen auch der Turm von Eddystone wieder auf. D. Serres' Sohn John Thomas Serres (1759 – 1825) gestaltete dann auf einem Gemälde das Einlaufen der Royal Yacht „Dorset" nach Dublin so, daß für die Stadt Dublin der trutzige Leuchtturm – der heute James-Joyce-Tower genannt wird – ins Bild gesetzt ist. Ihn müssen alle Schiffe passieren.

Ein entscheidender Wandel in der Anschauung und motivischen und thematischen Nutzung des Leuchtturms in der Marinemalerei vollzieht sich im 19. Jahrhundert. Die Kenntnisse der Maler über Schiffe und Schiffahrt, die See und das Wetter vertieften sich, und sie versuchten vor allen Dingen, das maritime Geschehen mit den Augen des Seemannes zu betrachten. Nunmehr blickten sie von der See aufs Land und nicht länger, wie vorher, vom Land auf die See. Das bedeutete für die Leuchttürme, daß sie nicht mehr nur für dokumentarische Treue einer Abbildung notwendig oder für gewisse freie Erfindungen kompositorisch unerläßlich waren, sondern daß sie im Bild als das erschienen, was sie in der Wirklichkeit auch waren und noch sind, nämlich Seezeichen. Der Anschauungswandel verband sich mit größtem Interesse der Maler für die seemännisch oder navigatorisch wichtige Geographie. Mit Pinsel und Farbe setzte ein „run" der Marinemaler auf die berühmten Kaps des ganzen Er-

Eine Zeichnung des hessischen Malers Otto Ubbelohde, der sich vor der Jahrhundertwende einige Zeit in der Künstlerkolonie Worpswede und in Bremen aufgehalten hat. Zahlreiche Illustrationen von ihm schmücken das 1900 erschienene Buch „Bremen und seine Bauten", dem dieses Bild entnommen ist.

denrunds ein, und diese sind meistens geziert mit einem berüchtigten Namen und einem Leuchtturm. Aber auch navigatorisch schwierige Küstenverläufe und Flußmündungen fanden nun das Interesse des suchenden Malerauges. Vom Nordkap bis Kap Horn, vom Cap Cod bis zum Kap der Guten Hoffnung, von Kap Farvel bis Kap Verde und noch weit darüber hinaus erstreckt sich das Fahrtgebiet der Schiffahrt. Mit den Kaps und ihren Leuchttürmen zeigten die Maler die Wendepunkte der Schiffahrtsrouten, die markanten Ausgangs- und Ankunftsorte für die Kleine und Große Fahrt, und nicht selten waren diese eine „gefährliche Ecke".

Von diesen „gefährlichen Ecken" gibt es in nordeuropäischen Gewässern einige; zur Zeit der Schiffahrt unter Segeln und auch der frühen Dampfschiffahrt begannen die navigatorischen Probleme bei ungünstigen Wetterverhältnissen für Schiffe, die aus Übersee kamen, schon im Westausgang des Englischen Kanals. Hier standen warnend im Süden, auf dem am weitesten in den Atlantik ragenden Teil der Bretagne, der große schwarze Turm von Ouessant, – auch „Preußischer Grenadier" genannt –, und im Norden auf Klippen westlich der Scilly Isles der Turm von Bishop Rock. Vor Cornwalls Westkap, Landsend, steht der Turm Longships. Dann folgte nach Lizzard Point mit dem Leuchtfeuer hoch oben auf dem Felsen eine Reihe von Klippen und vorspringenden Küsten, – Eddystone, Start Point, Bill of Portland, Needles (Isle of Wight), Beachy Head –, die durch Leuchttürme weithin kenntlich gemacht waren. Nach der Enge zwischen den Kreidefelsen von Dover und Cap Gris Nez führte die Heimreise durch die Sände der Downs und die Flachs vor den Küsten Belgiens und Hollands in die offene Nordsee.

Die Marinemaler des 19. Jahrhunderts, die nun auch in Deutschland tätig wurden, haben besonders gern den Turm von Bishop Rock gemalt, aber auch Lizzard Point und der Turm unterhalb der Needles wurden abgebildet. Maler wie Anton Melbye (1818 – 1875), Carl Saltzmann (1847 – 1923) oder Hugo Schnars-Alquist (1855 – 1939) sind hier zu nennen. Sie haben der Bedeutung der Türme aus der Sicht der Seeleute den künstlerischen Tribut gezollt, weil es gerade diese Orte waren, die bei der Ausreise der Schiffe den letzten Kontakt mit der europäischen Heimat signalisierten und die wieder die ersten Zeichen Nordeuropas bei der Heimreise waren. Aber die Türme waren nicht nur erste oder letzte Zeichen, sie waren zugleich Mahnmal für manches vollendete Schiffsschicksal. Bei den Scilly Islands und an der Küste von Cornwall endete so mancher Segler; diese Felsen sind als Schiffsfriedhof berüchtigt, und das wußten auch die Maler.

Radierung des
Bremerhavener Künstlers
Michael Wolff, 1983.

Ebenso berüchtigt waren auch die Küsten der Deutschen Bucht, insbesondere die Elb- und die Wesermündung. Die immer in Bewegung befindlichen Sände in den Trichtermündungen verlangten beim Ein- und Auslaufen nicht nur hohes navigatorisches Können, sondern waren auch bei schlechtem Wetter ein ausgesprochen gefährliches Gebiet. Und hier nun, in der Wesermündung, wurde 1885 ein Leuchtturm in Betrieb genommen, dessen Errichtung allein schon ein technisches Wunderwerk gewesen war. Immerhin fand dieses Ereignis so große Aufmerksamkeit, daß der Leuchtturm Roter Sand schon zu Beginn der 90er Jahre des vorigen Jahrhunderts Eingang in die Konversationslexika fand. Verwundert es da, daß sich die Marinemaler in Deutschland nun mit ganz besonderer Vorliebe des Turmes annahmen? Vergleicht man die, gemessen an anderen hier genannten Türmen, ausgesprochen kurze Dienstzeit mit der unverhältnismäßig hohen Anzahl von Gemälden dieses Leuchtturms, besonders aus der Zeit bis zum Beginn des Ersten Weltkrieges, dann kann man sich des Gefühls nicht erwehren, daß es mit dem Leuchtturm Roter Sand mehr mitzuteilen gibt, als nur das Abbild eines gleichwohl wichtigen Seezeichens. Und in der Tat läßt sich beim Betrachten der Gemälde feststellen, daß der Stolz der Deutschen auf diesen technischen Superlativ eine erhebliche Rolle spielte. Dabei war die architektonische Gestalt des Turmes alles andere als ausschließlich technischen Notwendigkeiten unterworfen; denn der verspielt gegliederte Turmkopf erweckt eher romantisches Entzücken als den technischen Verstand. Vielleicht ist das eine zusätzliche Begründung für seine Beliebtheit im Bilde; wesentlich war aber die Glanzleistung der Ingenieure, die für Deutschland den Turm gebaut hatten und denen man applaudierte. Und die Maler verstanden es sehr wohl, diesen Turm mit anderen technischen Hochleistungen im deutschen Schiffahrtswesen gleichzusetzen.

Als Beispiele mögen zwei Bilder Hans Bohrdts (1857 – 1945) dienen. Auf einem zeigt er zu nächtlicher Zeit den Turm, der sein Licht aussendet, mit deutlich erkennbarer deutscher Flagge am Turmmast, während der Lloyd-Schnelldampfer „Kaiser Wilhelm der Große", hell erleuchtet, das

Hinterglasbild des Worpsweder Malers Werner Rohde, 1985.

Seezeichen gerade passiert. Deutlicher kann ein Marinemaler mit den Gegenständen seines Genres keine Apotheose auf die Bedeutung Deutschlands und seines Kaisers für den technischen Höchststand der deutschen Schiffahrt seiner Zeit darstellen. Ein anderes Bild des Künstlers zeigt den Leuchtturm tagsüber bei schlechtem Wetter. Er bietet der an ihm hochleckenden Brandung standhaft Trotz und wird damit zum Sinnbild des verläßlichen Seezeichens für die im Hintergrund passierende Fünf-Mast-Bark „R. C. Rickmers".

Als Leuchtfeuer hat der Rote-Sand-Leuchtturm heute ausgedient, als Symbol deutscher Schiffahrtsgeschichte wird er immer einzigartiger. Vielleicht kann das ein Grund für seine erneute Belebung als Gegenstand der Malerei werden.

Boye Meyer-Friese

Der Leuchtturm (hier der von Eddystone) als Symbol, Titel der Anthologie „Pharus am Meer des Lebens" von 1860.

Kulturelle Wirkung eines technischen Denkmals

Eine offene Ausstellung, die immer wieder durch Spenden und Leihgaben von Besuchern ergänzt wurde, machte es schnell deutlich: Die kulturgeschichtliche Wirkung des Leuchtturms Roter Sand hat seine technische Bedeutung weit übertroffen! Leuchtfeuer haben genau zu beschreibende Aufgaben als Navigationshilfen, vielleicht noch als Meßstationen für meteorologische oder hydrographische Daten. Aber wo sonst strahlt eines so viel Wirkung in künstlerische, kunsthandwerkliche oder literarische Bereiche aus wie der „Rote Sand"?

Als 1983 im Deutschen Schiffahrtsmuseum damit begonnen wurde, alles zusammenzutragen, was die Wirkungsgeschichte des Turms in den hundert Jahren seines Bestehens bezeugt, führte die Suche zu schnellem Erfolg: Innerhalb kürzester Zeit waren die ersten hundert „Beweisstücke" beisammen. Und in welcher Vielfalt! Vom Modell über die Malerei bis zur Postkarte, bis zum verzierten Lebkuchenherz, von der Tätowiervorlage (aus Ostasien) über den Modellbaubogen (aus Bremerhaven) bis zum Möbelstück (aus Hannover) zeigten die Objekte: Der „Rote Sand" hat seinen Weg in die Herzen (s. o.) und die gestaltenden Hände gefunden!

Bis heute ist es nicht möglich, zusammenfassend zu beschreiben, auf welche verschiedenen Weisen seine Popularität sich ausdrückt. Wir wissen von der Existenz vieler Objekte, die uns noch nicht vorliegen. Zum Beispiel Schüttelgläser, in denen Schnee auf den „Roten Sand" niederrieselt...

Aber wir können Ordnung in die Vielfalt der Wirkungen bringen. Einige sind zeitbedingt, andere gehen durch von der Gründung bis heute. Aber sie veränderten ihr Gewicht.

Am Anfang stand der Stolz auf eine Pioniertat, den Bau des ersten Bauwerks in der offenen See. Heute würden wir sagen: des ersten Offshore-Bauwerks. Besonders gern stellte man diese Leistung ans Licht, weil sie ein Gebiet betraf, auf dem viel nachzuholen war: „Deutschlands Zukunft liegt auf dem Wasser", war der kaiserliche Spruch, der auf eine stärkere Seeorientierung hinwies. Und da Deutschland auf dem Meer bislang stets eine nachgeordnete Rolle gespielt hatte, gab der Rote Sand nun auch ein Leuchtzeichen nationalen Selbstbewußtseins ab. Das gesamte maritime Muskelspiel führte letzten Endes dazu, daß Deutschlands Zukunft nicht mehr auf dem Wasser lag, sondern baden ging. Wir sollten das im Gedächtnis behalten, auch wenn unser Leuchtturm in diesem Spiel nur ein kleines Licht war. Denn weitere Großtaten folgten: 1897 errang mit dem Schnelldampfer „Kaiser Wilhelm der Große" zum ersten Mal ein deutsches Schiff das Blaue Band, die ideale Auszeichnung für die schnellste Überquerung des Nordatlantik. Was lag nun näher als der Gedanke, die freudigen Ereignisse gemeinsam darzustellen? Und das geschah. Eins der schönsten Zeugnisse ist das Gemälde des Marinemalers Hans Bohrdt. Es spricht für die Qualität des Bildes, daß es uns auch heute noch gefällt, nachdem seine protzende Absicht vergessen ist.

Zahllose populäre Darstellungen haben das Motiv aufgenommen. Kunst, Kitsch und Andenkenindustrie haben sich seiner bemächtigt, so daß man häufig annehmen mußte, der Leuchtturm Roter Sand sei von Ansichtskartenherstellern aufgestellt worden.

Die Weltausstellung in Paris im Jahr 1900 bot Gelegenheit, den Turm auch vor einer internationalen Öffentlichkeit ins rechte Licht zu rücken. Beim Pavillon der Deutschen Schiffahrt wurde ein 46 Meter hohes Abbild auf den Bau gesetzt, was selbst inmitten der phantasievollen Architektur dieses Spektakels Aufmerksamkeit erregte.

Lange wirkte das Motiv „Stolz" nach, es hätte aber nicht gereicht, bleibende Wirkung zu erzielen. Denn staatlich geförderte Ideologie bewirkt niemals echte Popularität. Und auf vergangene Leistungen kann man sich nur begrenzte Zeit etwas einbilden. Auch bei unserem Leuchtturm mußte anderes in den Vordergrund treten. Zunächst etwas, das ganz und gar nicht zeitgebunden ist.

Ein Leuchtturm ist immer auch ein Symbol für Orientierung(shilfen) geistiger Art. Wieder kann ein Gemälde – diesmal von E. Penning – das verdeutlichen: Da kämpft sich ein Schiff durch die kochende See, mehr hin- und hergeworfen als vorangetrieben. Der ferne Mond wirft sein kaltes Licht zwischen jagenden Wolken hindurch. Aber ruhig und stetig weist der Leuchtturm, das von Menschen geschaffene Zeichen, inmitten des elementaren Tobens den Weg.

Auch diese Bedeutung ist, natürlich, vielfach aufgenommen worden. Und manche Ansichtskarte, manches Bild eines Sonntagsmalers, zeigt den „Roten Sand", an dem die Gischt emporschäumt in sonst einsamer See. Da können wir dann ruhig eine solche Auffassung unterstellen.

In den 20er Jahren kam wieder eine zeitbedingte Bedeutung hinzu, eine stark gefühlshaltige: Für mehrere Millionen Auswanderer, die bis in die 60er Jahre Europa via Bremerhaven verließen, war der Leuchtturm Roter Sand das letzte Bauwerk des alten Kontinents, so wie die Freiheitsstatue das erste des neuen. Für ungezählte Passagiere im nordatlantischen Liniendienst wie für alle Seeleute, die die Weserhäfen anliefen, war er Symbol von Abschied und Heimkehr. Und weil darüber im Bereich der Passagierfahrt mehr gesprochen wurde, weil hier entsprechende Verbreitungsformen zur Verfügung standen, wurde er (spätestens) in der Zeit zwischen dem 1. und dem 2. Weltkrieg so etwas ähnliches wie ein Haussymbol des Norddeutschen Lloyd. Von der Speisekarte über die Bordzeitung bis zur feierlichen Einladung und zur kostbaren Erinnerungsmappe – die Figur aus dem Vorgarten der Seestadt Bremerhaven ist überall anwesend. Erfreulicherweise wurde bei dieser sehr in die Breite gehenden Wirkung die Grenze des Geschmacks weniger oft und kraß überschritten als bei späteren Verwendungen. Ein bedeutender Teil der heutigen Popularität des Leuchtturms „Roter Sand" geht noch auf Wirkungen aus der „Lloyd-Zeit" zurück, gerade auch im Binnenland.

Dort förderte auch ein weiterer seebezogener Gebrauch des Turms seine Popularität. Jahrzehntelang prägten meterhohe Modelle das Schaufensterbild binnenländischer wie küstennaher Fischgeschäfte. Für den hohen Bekanntheitsgrad unseres Leuchtturms kann man die Verwendung in der Fischwerbung kaum hoch genug bewerten.

In den 60er Jahren unseres Jahrhunderts gab es eine Reihe von Veränderungen in der Schiffahrt. Es endete die transatlantische Linienfahrt, sie war nach der Ausweitung des Luftverkehrs unrentabel geworden. Auch der Auswandererverkehr verebbte. In der Schiffs- und Hafentechnik wurden rationellere Lösungen gefunden – man denke an das Aufkommen des Containerverkehrs – und die Geschwindigkeiten nahmen zu. Trennungszeiten wurden kürzer, der Abschied dadurch – zumindest in den Liniendiensten – weniger schicksalsschwer: Das bedeutete natürlich auch weniger Gewicht für das Symbol des Abschieds. Seine Bedeutung wurde breiter und damit auch flacher, aber auch heiterer, leichter. Millionen von Urlaubern erleben den Turm als neugierweckende Station auf der Fahrt nach Helgoland. Wassersportler und – seit den 70er Jahren – auch Kreuzreisende begegnen ihm ähnlich unbeschwert.

So trat seine gewandelte Bedeutung immer mehr in den Vordergrund: Der Leuchtturm Roter Sand wurde der Leuchtturm „schlechthin" und Symbol für die gesamte Schiffahrt. Unüberschaubar viele Produkte vom Buddelschiff bis zur Zeitungsanzeige zeigen diese Entwicklung. Eine Tendenz zur Trivialisierung ist dabei nicht zu übersehen.

Wenn wir diesen Rückblick auf die hundertjährige Wirkungsgeschichte des Leuchtturms Roter Sand zusammenfassen, können wir als erstes feststellen, daß seine technische Bedeutung bald von seiner kulturellen Bedeutung überholt wurde. Vom Symbol der politisch-ideologischen Bemühungen einer Epoche führte die Entwicklung zu nicht minder gefühlsbeladener Bedeutung als Symbol von Abschied und Heimkehr und schließlich zum breitesten, unverbindlichsten, aber auch nicht emotionsfreien Verständnis als Zeichen für die Schiffahrt schlechthin. Daneben bleibt während der gesamten hundert Jahre das nicht zeitgebundene Verständnis erhalten: Der Leuchtturm symbolisiert auch jede Art (geistiger) Orientierungshilfe.

Wir können uns über den Wandel in den Auffassungen freuen, denn er beweist, wie lebendig die Wirkung ist. Unter diesem Gesichtspunkt dürfen wir gespannt darauf sein, wie die Arbeit des Fördervereins und die Diskussion um die Erhaltung des Turms dieser Wirkung neue Impulse geben.

Siegfried Stölting

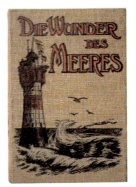

Kein Seezeichen, kein anderes technisches Bauwerk hat ähnlich vielfältige kulturgeschichtliche Wirkungen aufzuweisen. Die paradigmatische Verwendung auf dem Buchtitel und die perspektivisch bemerkenswerte Intarsienarbeit eines Seemannes lassen die Bandbreite erkennen.

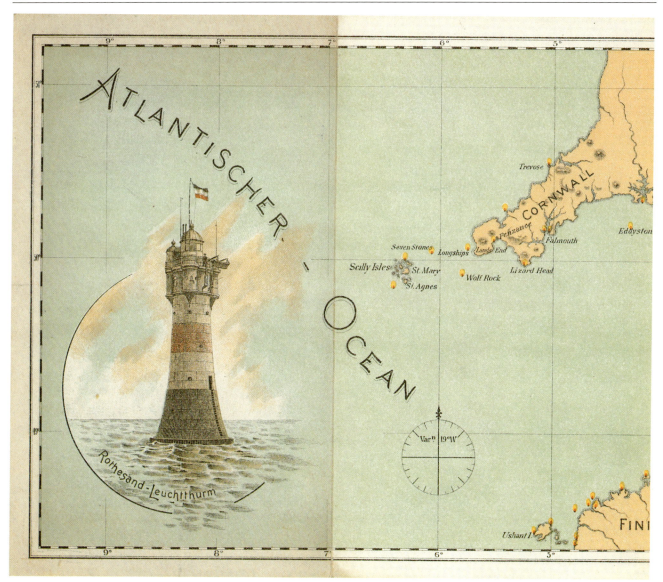

Kein geographischer Mißgriff, sondern ein Beweis für die Wahrzeichen-Qualität unseres Leuchtturmes. Obwohl gerade im dargestellten Gebiet eine große Anzahl von Seezeichen anzutreffen ist, wurde den Passagieren das markante Zeichen der Außenweser mit auf den Weg über den Atlantik gegeben.

Tätowiervorlage aus Ostasien, Hinterglasbild, naive Malerei sind nur einige Möglichkeiten populärer Gestaltung. Im Unterschied zu den vielfachen Variationen der „offiziellen Darstellungen" finden sich hier durchaus originelle Sehweisen, auch wenn die Authentizität gelegentlich sehr leidet.

Signet der Bremerhavener Loge „Schlaraffia Waterkant" und Titelseite einer rechtsstehenden Wochenzeitung aus Bremen.

Der Rote Sand

Kritisches Deutsches Wochenblatt — Erscheint jeden Freitag

Preis 15 Pfg

Verantwortlicher Schriftleiter: Paul Koert, Bremen.
Verlag von Friedrich & Co., Bremen.
Druck von G. Hunckel, Bremen, Knochenhauerstr. Nr. 41-42.

Geschäftsstelle und Schriftleitung:
Bremen, Nordstraße 99 — Fernspr. Roland 7930

Bezugspreis für Bremen: vierteljährl. M. 1.80, monatl. M. —.60
Kreuzbandversand nach auswärts: „ M. 2.20, „ M. —.75
Auswärtige Zahlungen an Friedrich & Co., Bremen. Postscheckkonto Hannover 24361

Abonnements nehmen alle Postanstalten entgegen.

No. 10 — BREMEN, den 10. Oktober 1919 — Jahrgang 1

Streik der Strassenbahner.
Proskriptionslisten in Bremen.

Der Fall Lindau.

Aus dem Fall Bollmann wurde ein Fall Lindau.

Der bekannte Brief in der Nationalversammlung veranlaßte Herrn Lindau sich als den Urheber des Telefongespräches zu bekennen. Wir haben deshalb auch das Verhalten des Abgeordneten Lindau in unserer vorigen Nummer beim rechten Namen genannt.

Inzwischen treten jedoch neue Irrungen - Wirrungen dazwischen.

Lindau widerruft und sendet der Tagespresse längere Darstellungen, woraus wir entnehmen, daß Lindau garnicht derjenige ist, der mit dem Briefe gemeint war. Ein Dritter tritt auf den Plan, der uns hier aber nicht mehr interessiert.

Da nun Lindau sein Geständnis in der Bremer Nationalversammlung in der Lage zu erklären, daß unsere Ausführungen über Lindau, soweit sie mit dem Fall Bollmann in Zusammenhang stehen, nicht zutreffen. Hat Lindau also das betr. Gespräch nicht geführt, so trifft ihn auch kein Vorwurf über niedrige Denkart und ebenso hat er keine Veranlassung auf Klawitter einzuwirken, meineidig zu werden.

Der Fall Bollmann - Lindau wird vielleicht Veranlassung geben, uns später ausführlicher mit der ganzen Materie zu befassen.

Der Tag der Abrechnung.

Wer täglich hunderte von Fällen erlebt, in denen die Schwäche der heute maßgebenden Kreise der U. S. P. und den Kommunisten Erfolge verschafft, der ist leicht geneigt, das Einzelne zu überschätzen. Trotzdem, es war immerhin ein Anfang zum Besseren, als in der letzten Sitzung der bremischen Nationalversammlung der Antrag der Unabhängigen, den ausgesperrten Arbeitern der Atlaswerke Erwerbslosenunterstützung zu zahlen, mit allen übrigen Stimmen abgelehnt wurde. Es wäre ja auch finanzieller Selbstmord des Staats gewesen, wenn man entgegen den vom Reich erlassenen Bestimmungen die Unterstützung bewilligt und damit die ganze Summe auf den eigenen Etat übernommen hätte. Außerdem hat ein Hieb gesessen. Bei der „Arbeiter-Zeitung" scheint die Überraschung so groß gewesen zu sein, daß man alle Logik über den Haufen werfen und den Mehrheitssozialisten auch noch Vorwürfe machen mußte. Ausgerechnet den Mehrheitssozialisten, die in der Tragödie an der Atlaswerken noch in der Rolle der stillen Dulder gespielt haben. Sie würden sich auch heute noch von den Diktatoren der U. S. P. und den Kommunisten schikanieren lassen, wenn die Direktion dem Treiben nicht ein Ende gemacht hätte. Die Hetzer der U. S. P. und Kommunisten haben die Arbeiter der Atlaswerke in den Hunger getrieben. Wenn auch das geschriebene Recht solchem Terror gegenüber versagt, die Zeit muß und wird kommen, wo nicht mehr die U.S.P.Hetzer und unbegründete Forderungen erhebt, wohl aber die Tausende von Arbeitern, die heute unter dem Terror in den Betrieben leiden und hungern, die alte Kraft wiederfinden und von den Hetzern von heute ihre Gesundheit, ihr häusliches Glück und ihre nutzlos weggeworfenen Spargroschen zurückfordern.

Wenn die Mehrheit der deutschen Arbeiterschaft nicht nur im Innern als Einzelne, sondern offen und vor aller Welt sich wieder zur Vernunft bekennen würde, dann würde der Tag der Abrechnung nicht mehr fern sein. Überall machen sich die ersten Anzeichen der Vernunft bemerkbar. Der deutsche Arbeiter sieht ein, daß er mit den Erfolgen der Revolution sinnlos gespielt hat. Er erkennt

endlich, daß er aus der Gewalt der Kapitalisten unter die Knute des Volksverführers geraten ist. Er fühlt, wie man ihn mit Schlagworten belogen und betrogen hat. Er braucht nur noch das bischen Mut zu finden, in seinem Betriebe für die Erkenntnis dieser Wahrheiten zu wirken: seine Arbeitskollegen zu ermahnen, daß sie sich wieder in alter Weise zusammenschließen, und die Hetzer werden sehr bald von der Bildfläche verschwinden. Freie Arbeiter werden dann den sozialen Frieden schließen.

Der Streik der Straßenbahner.

Seit über vierzehn Tagen ruht in Bremen der Verkehr der Straßenbahn. Es ist allmählich schon Gewohnheitsmacht geworden, daß man täglich zwei Stunden mit Hin- und Herlaufen zwischen Wohnung und Geschäft zubringt. Die bremische Bevölkerung zeigt dem Streik gegenüber eine Lammesgeduld. In jeder anderen Stadt Deutschlands hätte man zum wenigsten nach Mitteln und Wegen gesucht, mit denen den Streikenden klar gemacht werden kann, daß auch sie nicht selbstherrlich sind. In Bremen hat die Nationalversammlung einen Beschluß gefaßt, der dem Senat die schwierige Aufgabe des Vermittlers zuwies. Er ist daran natürlich gescheitert. Zwischen einer Direktion, die in den letzten Jahren jede soziale Forderung ohne weiteres bewilligt hat, und Arbeitern, die sich als übelste Schwächlinge in der Hand gewissenlosester Hetzer erweisen, ist eben nicht mehr zu vermitteln, wenn die äußerste Grenze des Entgegenkommens von der Direktion schon überschritten ist. Dabei weiß jeder, daß die Mehrheit der Straßenbahner schon seit einer Woche mit den eigenen Beschlüssen höchst unzufrieden ist. Man sieht allmählich ein, daß ein lokaler Verkehrsstreik, der vierzehn Tage gedauert hat, von der Direktion und der Bevölkerung auch ruhig zwei Monate ertragen werden kann. Das hält die Streikkasse der Straßenbahner nicht aus. An Sympathiestreiks ist nach dem Zusammenbruch des Hafenarbeiterstreiks und der Stimmung der bremischen Arbeiterschaft nicht zu denken. Kurz, die Aussichten sind für die Straßenbahner recht trübe.

Druck erzeugt Gegendruck. Dieses Naturgesetz sollte die bremische Bevölkerung gerade bei diesem Streik einmal mit Kraft setzen.

Es bleibt auch zu erwägen, ob nicht durch Boykottmaßnahmen den Straßenbahnern später die Lehre beizubringen ist, daß man sich nicht straflos in die wüsteste und verlogenste Hetze hineintreiben lassen darf. Die Kommunisten haben eine vorzügliche Organisation durchgeführt, um sich Bilder der politischen Führer des Bürgertums zu beschaffen. Sollte es aber nicht möglich sein, die Haupttreiber in diesem Streik festzustellen, und die später von ihnen gefahrenen Wagen zu boykottieren. Es würde sich höchstwahrscheinlich nur um wenige handeln. Und wer weiß, ob die Organisation solchen Boykotts sich nicht den heißen Dank der Mehrheit aller Straßenbahner verdienen würde.

Die Arbeiterzeitung u. der Vortrag Holtz.

Eine jede gut besuchte bürgerliche Versammlung zur Abwehr der U. S. P. Anmaßungen und Übergriffe, gibt der Arbeiterzeitung regelmäßig Gelegenheit ihren schwachen Witz zu vergeuden.

Selbst in Zeiten der bittersten Papiernot (wie ihre Geschäftsleitung selbst behauptet) kann die Redaktion es sich nicht verkneifen, über den Vortrag Holtz Casino – „Bürger heraus" zu berichten. Fast eine halbe Spalte muß der Leser sich durchessen, bis er dieses Zeug - Steckrüben Ersatz - bewältigt hat.

„Holtz wird ein Weichensteller bürgerlicher Wut" genannt von dem Verfasser des Artikels, der wohl während des Krieges als Ritzenschieber bei der Internationalen roten Gebirgsmarine Dienst tat.

Peinlich ist es natürlich für diese Herren zu sehen, daß auch Bremens Bürger sich zu festen Einheiten zusammenschließen, um den beabsichtigten Putschen und Umsturzgelüsten der U.S.P. gegenüber gewappnet zu sein.

Peinlich ist auch die Feststellung, daß der Name des Redners Holtz vermochte den großen Casino-Saal mit mehreren Tausend Besuchern zu füllen, während die U. S. P.-Versammlungen gähnende Leere zeigen.

Noch viel peinlicher ist der Arbeiterzeitung aber die Feststellung des glänzenden Verlaufes der Versammlung. Sie hatte sich schon jedenfalls darauf gespitzt, über Radau und Meinungsverschiedenheiten in dieser Versammlung berichten zu können und muß jetzt eingestehen, daß der Abend für die bürgerliche Sache ein vollkommener Erfolg war. Dieses giebt die Arbeiterzeitung ja auch zwischen den Zeilen zu.

Daher die Papierverschwendung!

Heimkehr der Gefangenen.

Heimkehr! Als man im Sommer und Winter 1916, im langen Jahre 1917, in den ersten Monaten des Jahres 1918 in der engen Barackenbude des Gefangenenlagers saß, hatte man diese Heimkehr sich anders ausgemalt. Wehende Siegesfahnen, leuchtende Gesichter, bereitwillige Hände, die einem Arbeit und Wohltun entgegentrugen. Das war das Bild, das man in der Eintönigkeit sich ausmalte. Langsam kamen dann die Unglücksnachrichten ins Lager: Niederlage, Rückzug, Abfall Bulgariens, Waffenstillstandsangebot, Revolution, Bolschewismus und dann wochen- und monatelang Nachricht auf Nachricht über Deutschlands völligen wirtschaftlichen Zusammenbruch. Da wurde es trübe, traurig und bang im Herzen. Längst war der Friede von Deutschland angenommen. Aber niemand sprach von Heimkehr. Hohnvoll grinsten die Gesichter der Bewachungsmannschaften. „Man will Euch nicht in Deutschland, weil sie nichts zu essen haben." Schließlich kam doch der Tag der Befreiung.

Tagelange Fahrt im Eisenbahnwagen und man war im Durchgangslager. Schnell erfolgte die Einkleidung, man war frei und machte den ersten tastenden Weg in eine Welt, die der früheren äußerlich in allem gleicht und doch so ganz anders sein sollte. Und in der Tat, der Anzug, der früher für 80 Mk. zu haben gewesen war, kostet heute 800 Mk., Tabak und Eßwaren haben unerschwingliche Preise. Verhärmte Gesichter, verhungerte Gestalten tauchen immer mehr aus dem hin- und herrasenden Menschengewühle auf. Ist das die neue Ordnung der Revolution, ist das der Erfolg der neuen Freiheit?

Eine tiefe Falte des Unmuts liegt auf der Stirn aller heimkehrenden Gefangenen. Sie fühlen am deutlichsten die Unfertigkeit, die Halbheit unseres heutigen Lebens. Sie kommen aus straffster Ordnung und Zucht, aber auch aus tiefstem Elend. Sie suchen Freiheit und Menschenwürde. Sie finden Unordnung und neues Elend. Unberührt von unseren Erfahrungen des letzten Jahres stehen sie plötzlich neben uns. Sie suchen sich ihren eigenen Weg oft mit stiller Entschlossenheit. Andere lassen sich ziellos treiben. Sie alle geraten dorthin, wo das kühnste und frechste Wort, aber das geringste Maß an Einsicht waltet, wenn sie nicht fürsorglich und langsam in die neue Welt eingeführt werden.

Wirkungsgeschichte

Ein seltenes Dokument aus der Gewerkschaftsbewegung: Einziges aufgefundenes Exemplar dieser Monatszeitschrift der „Internationalen Transportarbeiter Föderation" aus dem Archiv der Friedrich-Ebert-Stiftung in Bonn.

No. 5   Organ des Gesamtverbandes der Seeleute, Hafen-
----   arbeiter u. Binnenschiffer Deutschlands. Ange-
März 1936   schlossen an die Internationale Transport-
             arbeiter Föderation. (Erscheint monatlich.)

Freiheit, Frieden und Brot!   von Edo Fimmen, Generalsekretär der I.T.F.

Mit der Zerschlagung des Gesamtverbandes, der grossen freien Gewerkschaft der deutschen Arbeiter in Verkehr, Transport und den öffentlichen Betrieben, haben die Nationalsozialisten auch den Seeleuten und Binnenschiffern ihre legale Gewerkschaft genommen. Die lächerliche Arbeitsfront ist keine Gewerkschaft, sie ist nur ein Vergnügungsverein für nationalsozialistische Bonzen und ein Reklamebüro für Dr. Göbbels. Ihre Seeleute-Sektion s t e h t   u n t e r   d e m   K o m m a n d o des Gründers der Marine-SA, der zum blutigen Terror gegen Arbeiter und

Die Speisenkarten des Norddeutschen Lloyd wurden vielfach von namhaften Marinemalern gestaltet.

Wirkungsgeschichte 125

In der nautischen Konkurrenz zwischen Hamburg und Bremen besaß der Lloyd mit dem Leuchtturm Roter Sand ein besonders wirksames Markenzeichen. Heute ist der Turm als nationales Denkmal allen lokalen Rivalitäten enthoben.

Leuchtturm Roter Sand,
Gedicht von Thienst,
Musik von H. Wedemeyer

Wo sich der Weser Wellen vermählen der offenen See, da ragt für fahrende Gesellen ein trautes Mal in die Höh'. Es ist gar trefflich gegründet in Meerestiefen sein Stand, dem Maat sicher Fahren kündet der Leuchtturm auf Roter Sand.
Viel tausend Schiffe ziehen vorüber dort ihre Bahn, die ihrer Heimat entfliehen fern über den Ocean. Den' sendet die letzten Grüße und Wünsche vom heimischen Strand, so herzige, einzige, süße, der Leuchtturm auf Roter Sand.

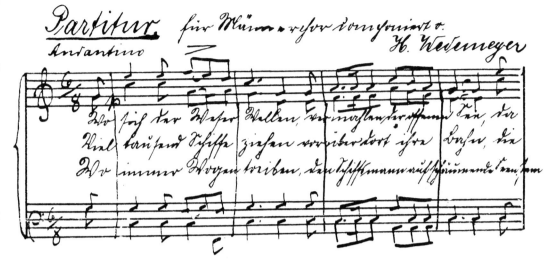

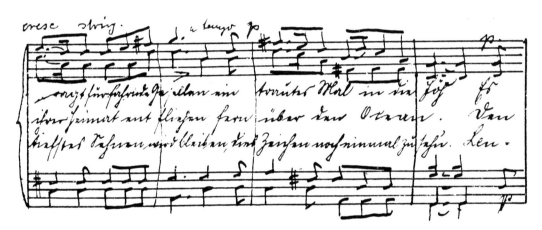

Wo immer Wogen treiben, den Schiffsmann auf schäumende Seen, sein tiefstes Sehnen wird bleiben, dies Zeichen noch einmal zu sehn. Lenken sich seine Pfade zurück zum heimischen Strand, grüßt ihn zuerst am Gestade der Leuchtturm auf Roter Sand.

Die Verwendung des Leuchtturms Roter Sand in der Werbung begann nach dem Ersten Weltkrieg, als seine Bedeutung als Wahrzeichen nationaler Potenz zu verblassen begann. Das Spektrum verbreitete sich zusehends: Von den Fischbrötchen bis zu den Dienstleistungen einer Nachtbar, von der Wohnungsbaugesellschaft bis zum Fremdenverkehr.

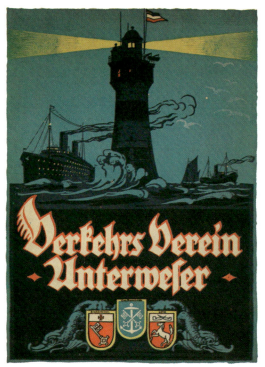

Wirkungsgeschichte

Bremerhaven ist die einzige uns bekannte Stadt, deren Wahrzeichen 50 km entfernt steht. Darstellung des Leuchtturmes auf dem gußeisernen Bogen der alten Geestebrücke.

Der Rote Sand als Grabdenkmal: Urnenbestattung auf hoher See. In unmittelbarer Nähe des Turmes liegt ein Seegebiet, in dem seit dem letzten Krieg schätzungsweise dreißig Menschen ihre letzte Ruhestätte fanden.

Auf der Pariser Weltausstellung im Jahr 1900 warf ein überdimensionierter Leuchtturm sein Licht über das Gelände:
„Ich gerate nicht gern in den Verdacht Chauvin zu sein und so ist es mir beinahe peinlich konstatieren zu müssen, daß der kleine Pavillon in dem sich die deutschen Rhedereien ihre Sonderausstellung bereitet haben, in seiner Architektur im Gegensatz zu den beiden anderen Bauten Geschmack und Originalität vereint. Thatsächlich wird beim Anblick der schlank emporstrebenden Konstruktion, einer Nachbildung des Rotesandleuchtturmes, jedem sofort die Bedeutung des Pavillons klar. Das Hauptmoment der Anlage bildet der sich auf dem bollwerkartigen Unterbau zur Höhe von 46 m erhebende Leuchtturm, von dessen Spitze allabendlich ein Schuckertscher Scheinwerfer einen weißen glänzenden Lichtkegel über die Ausstellung hinweg sendet."
Aus: Maurice Rappaport, „Die Pariser Weltausstellung in Wort und Bild", Berlin, 1900

Ein Kulturdenkmal der Technik- und Schiffahrtsgeschichte

Daß technische Bauten wie Schleusen, Krane und Schiffahrtszeichen als Kulturdenkmal anerkannt und damit ähnlich wie Schlösser, Kirchen oder Altstädte als erhaltenswerte Objekte eingestuft werden können, versteht sich heute fast von selbst. Gerade technik- und industriegeschichtlich interessante Bauwerke können uns als Zeugen und Dokumente ihrer Epoche Auskunft über die Anfänge und Entwicklung unserer heutigen Industrie- und Massenkommunikationsgesellschaft geben.

Der Leuchtturm Roter Sand in der Wesermündung ist ohne Zweifel ein bemerkenswertes Beispiel für ein solches Kulturdenkmal der Technik- und Schiffahrtsgeschichte, das an Ort und Stelle zu erhalten sich lohnt; denn nur ein Verbleiben am ursprünglichen Standort gewährleistet die Denkmalfunktion. Der besondere herausragende Denkmalaspekt ergibt sich ja gerade aus dem Standort am Rande der Außenweser im offenen Meer, wo zum erstenmal ein festes Leuchtfeuer dieser Dimension im tiefen Seewasserbereich auf einem Treibsand ohne einen stabilen Untergrund errichtet wurde.

Das Scheitern des ersten Gründungsversuches spricht für das hohe Risiko eines solchen Wasserbauprojektes. Man könnte die Caisson-Bauweise im tidebedingten Seebereich als Vorläufer der Offshore-Technik bezeichnen. Dieses Pilotprojekt gab Erkenntnisse für spätere Nachfolgebauten, nicht nur im Seezeichenwesen.

Außer dem technikhistorischen Denkmalaspekt ist der Leuchtturm Roter Sand aber auch zu einem Wahrzeichen und Symbol der bremischen Schiffahrts- und Bremerhavener Stadtgeschichte geworden. Bremens Bedeutung als Hafen- und Seehandelsstadt hing in entscheidendem Maße von einer sicheren Ansteuerung der Wesermündung ab. So könnte man den Leuchtturm Roter Sand als Nachfolger der Bremer Schlüsseltonne von 1664 charakterisieren, die den bremischen Machtanspruch demonstrieren sollte. Auf dem Gelände des Kaiserhafens in Bremerhaven wurde der Caisson gebaut und von hier aus an seinen Bestimmungsort in die Außenweser geschleppt.

Ein weiteres denkmalwürdiges Kriterium ist die Tatsache, daß es bedeutende in bremischen Diensten stehende Wasserbauingenieure waren, die für die Konstruktion und den Bau dieses Leuchtfeuers verantwortlich zeichneten. Der Entwurf zu diesem kühnen Wasserbauprojekt stammte von dem Nachfolger van Ronzelens als Leiter der Hafenbaudirektion in Bremerhaven, Baurat Hanckes. Bei dem zweiten, erfolgreichen Versuch, den Turmschaft zu gründen, übertrug Bremen die örtliche Bauleitung an Walter Körte, der später als preußischer Geheimer Oberbaurat die Entwicklung des Seezeichenwesens entscheidend bestimmte. Der Leuchtturm Roter Sand steht sicherlich auch stellvertretend als ein Symbol für die deutsche Bauingenieurkunst in jener Epoche, die mit für den rasanten Aufstieg und die Emanzipation Deutschlands als Industrie-, Handels- und Schiffahrtsnation in der späten zweiten Hälfte des 19. Jahrhunderts verantwortlich gewesen ist. Die ingenieurtechnische Pionierleistung vieler an der Ausführung Beteiligter macht das Bauwerk auch zu einem Zeugnis für das Können und die Fähigkeit des „namenlosen Mitarbeiters".

Interessant ist auch die Architektur mit dem nach oben schmaler werdenden, kreisrunden Turmschaft, den drei romantisierenden, auskragenden Erkern in Höhe des Wohnbereiches und dem abschließenden Laternenraum. So hat das architektonische Aussehen mit dazu beigetragen, daß der Leuchtturm Roter Sand als bremisches Wahrzeichen – nicht nur für Auswanderer, Seeleute, Schiffspassagiere und Wassersportler – zu einem der markantesten und berühmtesten Leuchtfeuerbauten an der deutschen Küste geworden ist, als Symbol des deutschen Leuchtturms schlechthin gelten und damit als bedeutendes Kulturdenkmal der Technik- und Schiffahrtsgeschichte des späten 19. Jahrhunderts eingestuft werden kann.

Dirk J. Peters

Ein Kulturdenkmal

Der Schatten des Luftschiffs „Graf Zeppelin" weist auf den Leuchtturm Roter Sand. Ein ungewöhnlicher Schnappschuß von Bord des LZ 127 (um 1930).

Ein Kulturdenkmal

Hans Bohrdt (1857–1945): Kaiser Wilhelm der Große, den Leuchtturm Rote Sand passierend. Die Darstellung des Halleyschen Kometen (vor dem vorderen Mast) spricht für eine Datierung um 1910. „Wie von einem Glorienschein umgeben, selbst beleuchtet und angestrahlt vom Licht des Rotesandleuchtfeuers, passiert „Kaiser Wilhelm der Große" den Turm. 1897 gebaut, war dieses Passagierschiff bis 1903 das größte seiner Art in Deutschland und der Rotesandleuchtturm war ein vielbeachtetes technisches Wunderwerk. Bohrdt schildert das Geschehen bei Nacht... Schiff und Turm sind klar gezeichnet, recken sich stolz ins Bildformat. Auf beiden wehen die deutschen Flaggen, auch nachts, was in der Tat ein Vergehen gegen die Flaggenordnung ist, woran man sieht, zu welchen Konzessionen der Maler fähig war, um dem deutschen Symbol, der Flagge, ihren Platz zu geben. In der rechten Ecke, klein und entfernt, taucht ein dreimastiger Segler ins Leuchtturmlicht, wie ein Gruß aus fernen archaischen Zeiten. Die moderne Technik hat ihren Siegeszug angetreten unter der deutschen Flagge."
Aus: Boye Meyer-Friese, Marinemalerei in Deutschland im 19. Jahrhundert. Oldenburg–Hamburg–München 1981.

In einer 1950 geplanten Briefmarken-Dauerserie war der Leuchtturm als Motiv vorgesehen. Leider kamen diese Wertzeichen nicht in Umlauf, die Originalzeichnung wird im Archiv des Bundespostministeriums nicht mehr aufbewahrt.

Philatelistisches

Der Verein der Briefmarkensammler Bremerhaven e. V. hat sich mit Sonderstempeln aus Anlaß von Ausstellungen und Großtauschtagen bei den Motivsammlern einen guten Namen gemacht. Naturgemäß geht es dabei überwiegend um maritime Themen wie Leuchttürme, Seezeichen und Schiffe und also auch um den Leuchtturm Roter Sand.

Der Leuchtturm Roter Sand wurde zum 10. Nordsee-Tauschtag am 6. 11. 1983 vom Verein als Motiv für den Sonderstempel gewählt. Schon vorher, im Jahre 1961, hatte der Leuchtturm eine limitierte Privat-Ganzsache zum 75jährigen Bestehen des Vereins geziert. Zugrunde lag eine Postkarte mit 15 Pfennig-Wert, und zwar mit dem „Luftbrückendenkmal" aus der Berlin-Dauerserie. Links auf dieser Karte war der Text aufgedruckt: „Bremerhaven – Brücke nach Übersee". Als Bild erschien links die Freiheitsstatue mit langer Brücke zum Leuchtturm Roter Sand rechts. – Zum 100jährigen Jubiläum des Leuchtturms ist eine Privat-Ganzsache mit dem Bild des Leuchtturms auf der linken Seite vorgesehen. Es soll sich um eine Postkarte mit eingedrucktem 60-Pfennig-Wertzeichen und einer Auflage von 1000 Stück handeln, die sicher zu einem begehrten Stück für Ganzsachen- und Motivsammler werden wird.

Auch die offizielle postalische Verwendung des Leuchtturms Roter Sand kann sich sehen lassen, wenngleich er das Ziel, als Motiv auf einer Briefmarke zu erscheinen, knapp verfehlt hat. Das hätte 1950 beinahe glücken können. Wie erst jetzt durch einen Auktionskatalog bekannt wurde, war er damals für eine geplante Landschafts-Serienausgabe der Bundespost vorgesehen. Die Bundesdruckerei Berlin hatte dazu zehn Fotoreproduktionen auf Andruckpapier (gezähnt 14) angefertigt, und auf einer dieser geplanten Marken ist der Leuchtturm Roter Sand abgebildet. Bekanntlich erschien dann stattdessen als erste Dauerserie der Bundespost im Juni 1951 die Posthorn-Serie. In der gegenwärtigen Dauerserie Technik erscheint im Markenbild des 20-Pfennig-Wertes der Leuchtturm Alte Weser, der die Funktion des Leuchtturms Roter Sand übernommen hat.

Aber postalisch amtlich ist der Turm doch geworden: Der Magistrat von Bremerhaven benutzte zeitweilig einen Freistempler mit Werbeanhang, auf dem neben Segelschiffen der Leuchtturm Roter Sand zu sehen ist, dazu der Text: „Am Eingang zur Nordsee – Seestadt Bremerhaven".

Wolfgang Sikorski

Philatelistisches

Post-Ganzsachen aus Bremerhaven und das Emblem zur „Phila 86", zum 100jährigen Bestehen des „Vereins der Briefmarkensammler Bremerhaven e. V."

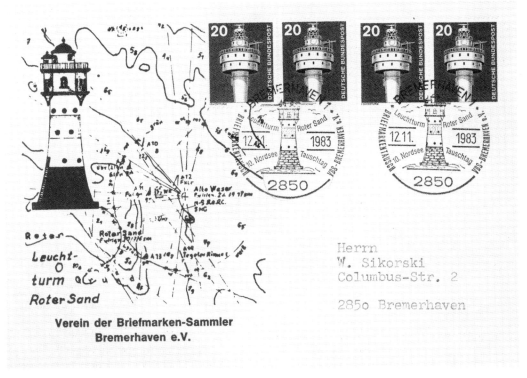

Niemand kann zur Zeit übersehen, wieviele Postkarten das Abbild unseres Leuchtturms tragen. Die Sammlung im Deutschen Schiffahrtsmuseum umfaßt über 40 Exemplare, private Sammler bringen es auf mehr als hundert.

Gruss aus Bremerhaven. Fischdampfer am Rothesandleuchtthurm.

Das Bild mit dem Fischdampfer erinnert an die Duplizität der Ereignisse: Im Jahr der Indienststellung des Leuchtturms Roter Sand wurde auch der erste deutsche Fischdampfer, die „Sagitta" von ihrem Reeder Fr. Busse in See geschickt.

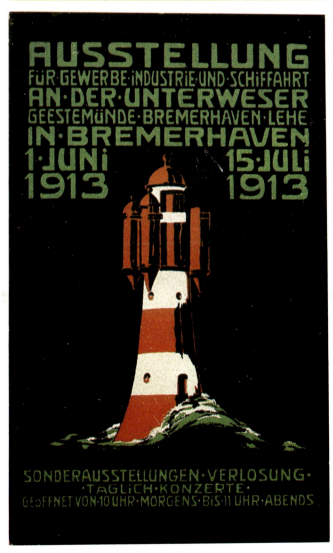

Für jede Art der Darstellung ist der Rote Sand geeignet, Beschaulichkeit, Romantik, Dramatik …

Postkarten

Zeitweise bevorzugte man das pathetische Überziehen, der Turm mußte sich dabei manche Verfremdung gefallen lassen. Daher sind die Postkartendarstellungen als Zeugnis seiner Wirkung, nicht aber als getreue Wiedergabe eines Seezeichens anzusehen.

Zum 100jährigen Bestehen des Leuchtturms Roter Sand gibt die Kreissparkasse Wesermünde-Hadeln 1985 diese Silbermedaille heraus.
Nebenstehend eine Auswahl aus der Fülle von Medaillen, Abzeichen, Plaketten und Stocknägeln mit dem Motiv des Leuchtturms aus nahezu hundert Jahren.

1
Medaille zum Bundes-Kriegerfest von 1887 in Bremerhaven.

2
Medaille zum 53. Bundesfest der norddeutschen Liedertafeln 1901 in Bremerhaven. Hinter dem Leuchtturm ein größerer Zwei-Schornstein-Dampfer, bei dem es sich um ein Schiff der „Barbarossa"-Klasse des Norddeutschen Lloyd handelt, vielleicht „Bremen II". Alle vier Schiffe dieser Klasse verkehrten sowohl auf der Linie Bremerhaven – New York als auch in der Australienfahrt ab Genua via Suez.

3
Einen zentralen Platz fand der Rote Sand in der Werbung für die „Ausstellung für Gewerbe, Industrie und Schiffahrt an der Unterweser" 1913.
Als mächtiger Blickfang stand er in der Mitte des Plakates zu dieser Ausstellung und auf den in Bronze, Silber und Gold verliehenen Preismedaillen.

4
Teilnehmerabzeichen zum 55. Hansischen Bezirkstag der Friseure an der Unterweser im Jahre 1929.

5
Die NSDAP Gau Nordsee hatte den Leuchtturm als Emblem. Auf den damals üblichen Plaketten und Abzeichen fand das Motiv häufig Verwendung, hier auf dem Kunststoff-Abzeichen für die Wehrkampftage der SA 1939, wie auch bei dem folgenden Beispiel.

6
Einer der Schießpreise (1942) des Deutschen Schützenverbandes Gau Nordsee mit dem Leuchtturm Roter Sand als Motiv.

7
Volkslauf-Medaille des OSC Bremerhaven von 1973. Das Denkmal Roter Sand und sein Nachfolger Alte Weser.

8
Emailliertes Vereinsabzeichen vom Weser-Boxring 1947.

9
Silbermedaille, herausgegeben vom „Förderverein", 1983

10
Fahnennagel mit dem Schnelldampfer des Norddeutschen Lloyd „Kaiser Wilhelm II."

11
Stocknagel von Bremerhaven aus den 50er Jahren mit dem TS „America" der US-Lines.

Gemeinsame Notmünzen der drei Unterweserstädte Bremerhaven, Lehe und Geestemünde. Der Leuchtturm ist in eine Wappenkartusche gesetzt.

1921 gaben die Unterweserstädte Notgeldscheine zu 25 und 50 Pfennig heraus, die Bilddarstellungen in freier grafischer Form zeigen. Auf dem 25-Pfennig-Schein erscheint ein Leuchtturm, dessen Grundformen auf den Roten Sand hinweisen.

Die Werft von J. Frerichs & Co in Einswarden (heute Stadtteil von Nordenham) gab im Januar 1921 eine Serie von Gutscheinen zu 50 Pfennig als Notgeld heraus. Während auf der Vorderseite stets die gleiche Zeichnung der Werftanlagen zu sehen war, zeigten die Rückseiten unterschiedliche Rote-Sand-Darstellungen.

Der Bremer Wirteverein gab anläßlich einer Fach- und Industrieausstellung 1922 in Bremen einen Notgeldschein heraus, auf dem der Leuchtturm Roter Sand und der Schnelldampfer „Kronprinz Wilhelm" (oder auch „Kaiser Wilhelm der Große") des Norddeutschen Lloyd abgebildet sind. Die berühmten Vierschornsteiner gehörten damals bereits der Vergangenheit an.

Der Leuchtturm Roter Sand als Leuchtturm schlechthin. Zierrand auf Notgeld-Serienscheinen der Stadt Sellin auf Rügen, wo man durchaus auf eigene charakteristische Leuchttürme hätte zurückgreifen können.
Wolf Mueller-Reichau

Das Internationale Institut für Verkehr in Genua verleiht jährlich eine Medaille CRISTOFORO COLOMBO an ein Land, in dem Verkehrseinrichtungen geehrt werden sollen.
1963 erhielt die Bundesrepublik Deutschland diese Medaille.
Die Inschrift der Rückseite NOCTURNIS IGNIBUS CURSUM NAVIUM REGET (Durch die nächtlichen Feuer wird der Kurs der Schiffe bestimmt) zeigte, daß sie der Befeuerung der Seewege gewidmet war.
Der damalige Verkehrsminister Dr. Seebohm gab die Medaille weiter an die Besatzung des um diese Zeit außer Dienst zu stellenden Leuchtturms Roter Sand.
Der ehemalige Maschinenmeister Gerd Ostermann nahm die der gesamten Besatzung gehörende Medaille aus Gold in Verwahrung.

Der Leuchtturm Roter Sand heute. – Und morgen?

Aus der Sicht des Eigentümers des Leuchtturms Roter Sand – des Wasser- und Schiffahrtsamtes Bremerhaven – als direkter Nachfolgebehörde des damaligen Tonnen- und Bakenamtes Bremerhaven zu berichten, hat einen besonderen Reiz. Bei diesem Bauwerk treffen in enger Verquickung die Fachsparten Seezeichentechnik, konstruktives Bauingenieurwesen und Gewässerkunde zusammen.

Gerade die Seezeichentechnik hat in den letzten 30 Jahren – veranlaßt durch den stürmischen Aufschwung der Schiffahrt in den 50er Jahren – eine umwälzende Entwicklung von den klassischen, überwiegend visuellen Schiffahrtszeichen zu der Ergänzung mit funktechnischen Schiffahrtszeichen wie z. B. Landradar vollzogen. Mit Hilfe von festen Radarstationen auf See, deren Radarbilder über Richtfunk zu einer Verkehrszentrale übertragen werden, können Schiffsstandorte und -fahrtrichtung ständig verfolgt und vom Land aus beraten werden. Wegen des wachsenden Bedürfnisses nach Sicherheit und ungehinderter Befahrbarkeit der Hafenzufahrten, auch bei Nebelbehinderung und schlechtem Wetter, wurde ab 1953 in der Außenweser diese Landradartechnik mit den zugehörigen UKW-Sprechfunkverbindungen zu den Schiffen erprobt.

Für den Aufbau einer Landradarkette wurde im Bereich der Mündungsarme „Neue Weser" und „Alte Weser" nach geeigneten Radarträgern gesucht und überlegt, ob der Leuchtturm Roter Sand hierzu umbaufähig war. Man hatte bereits bei außergewöhnlichen Niedrigwasserständen festgestellt, daß die äußere Stahlhaut der Leuchtturmgründung stellenweise völlig durchgerostet war. In den Jahren 1953 und 1955 wurden nun umfangreiche Untersuchungen über den baulichen Zustand des Leuchtturmes durchgeführt und diese Ergebnisse für Standsicherheitsberechnungen verwendet.

Das Resultat war in einigen Punkten niederschmetternd:

Während sich das aufgehende *Turmbauwerk* oberhalb des Gründungsbauwerks in einem noch gut erhaltenen Zustand befand,

war der *Gründungsteil* zwischen Niedrigwasserlinie und Meeressohle – also der durch Wellen, Strömung, Sandschliff und Eis extrem beanspruchte Teil des Turmes – in einem für die Standfestigkeit nicht mehr ausreichenden Zustand.

Im Detail ergaben die Tauchuntersuchungen sowie Materialprüfungen von zahlreichen Bohrproben, daß

große Bereiche des Stahlmantels des ehemaligen Caissons abgerostet sind, dadurch die hintermauerte Klinkerfüllung offenliegt und das gesamte Fundament somit den Wellen- und Strömungsangriffen schutzlos ausgesetzt ist,

die Dichtigkeit und Festigkeit des inneren Betonkerns aufgrund der damals schwierigen Einbaubedingungen – bildlich auch „Blätterteigstruktur" genannt – keine zusätzlichen Beanspruchungen aufnehmen kann und durch Seewassereinfluß leicht zersetzbar ist.

Als man vor 100 Jahren den Leuchtturm Roter Sand errichtete, waren die Ingenieure und Baumeister gerade auf dem Gebiet der Belastungsansätze und Standsicherheitsberechnungen dieses einmalig exponierten Bauwerks auf eigenes Können und eigene Maßstäbe angewiesen. Die Bauwerksgeschichte gibt ihnen in dieser Hinsicht ein gutes Zeugnis. Bei einer Nachrechnung der Standsicherheit im Jahre 1956 konnte man zur Bestimmung der richtigen Lastansätze für Eisstoß, Wellendruck, Wind, Wasserstand und Strömung teilweise auch auf interessante Beobachtungen der Leuchtturmwärter zurückgreifen, die durch ihre Erfahrungen bei jedem Wetter wertvolle Angaben machen konnten:

So z. B. der Maschinenbaumeister Paul Schulz aus Bremen, der 27 Jahre Dienst auf dem Leuchtturm tat und u. a. über die Eisbelastung wie folgt berichtete:

Die Angriffe von Eisstoß sind bei weitem die größten von allen Stößen, die auf dem Turm beobachtet sind, und zwar wird der Eisstoß etwa die vierfache Größe von den Stößen hervorgerufen haben, die der Wellenschlag hervorruft.

Sanierungspläne

Durch hundertjahrelangen, ständigen Angriff von Wellen und Eis auf das Fundament ist der Stahlmantel heute in großen Teilen zerstört.

Die Eisschollen haben einen Durchmesser von 300 bis 400 m. Die Geschwindigkeit der Eisschollen ist gleich der Fließgeschwindigkeit des Wassers. Der erste Stoß beim ankommenden Eis ist der stärkste. Die späteren Stöße nach dem Abbröckeln der Eiskante sind zwar auch noch stark, jedoch etwas schwächer als der erste Stoß. Ein an der Wand hängender Feuerhaken schlug etwa 10 cm frei von der Wand ab und wieder zurück, so daß ich annehmen möchte, daß die Bewegungen etwa in der Größenordnung von 10 – 12 cm vor sich gegangen sind. Beim Abbröckeln des Eises kann die Größe dieser abbröckelnden Eisschichten eine Breite von wenigen Dezimetern haben, wenn die Eisschichten in 20 cm Stärke ankommen. Außerdem kommt es vor, daß die Scholle nach dem ersten Stoß einen Drall bekommt, so daß sie um den Turm herumschwenkt. Wenn das Eis vom Turm durchfahren wird, so kann das etwa 4 bis 5 Minuten dauern, bis die Scholle dann endgültig gespalten wird.

Die Ergebnisse der sehr sorgfältigen Untersuchungen führten dann im Jahre 1957 von maßgeblicher Stelle zu der folgenreichen Entscheidung:
„Es kann gesagt werden, daß die an der Gründung des Turmes festgestellten Schäden derart sind, daß es nicht mehr verantwortet werden kann, den Turm weiterhin als bemanntes Leuchtfeuer einzusetzen."
Es wurde gleichzeitig die Aufstellung eines Entwurfes für den *Ersatz* des Leuchtturmes Roter Sand angeordnet, da einer *Erhaltung* des Leuchtturmes durch eine Fundamentsanierung und durch einen vollkommenen Umbau des Turmes für die neue Radartechnik folgende Argumente entgegenstanden:
Der Leuchtturm Roter Sand stand an ungünstiger Position zum Hauptfahrwasser der Weser. Im Mündungsbereich konkurrieren in periodischem Wechsel zwei Stromrinnen, die „Neue Weser" und „Alte Weser", die ständig ihre Lage und Tiefe derartig verändern, daß etwa alle 100 Jahre eine Wiederkehr einer Lage zu erwarten ist, wie eine Untersuchung historischer Tiefenkarten ergab. Die damals geplante Vertiefung der Außenweser auf 12 m erforderte die Verlegung des Fahrwassers in die bislang durch feste Seezeichen noch nicht bezeich-

1957, vor dem Bau des Leuchtturms „Alte Weser", wurden Alternativpläne erwogen, die einen Ausbau und die Installierung einer Radaranlage auf dem Leuchtturm Roter Sand vorsahen.

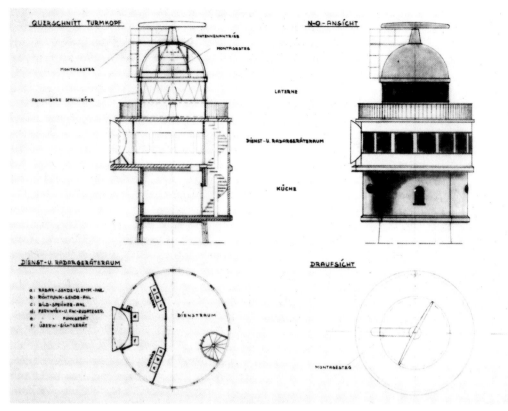

nete „Alte Weser" mit günstigeren Fahrwassertiefen. Folglich bekam der Leuchtturm Roter Sand als Seezeichen für die „Neue Weser" eine untergeordnete Bedeutung auf seinem Platz.

Die Anforderungen zur Wiederherstellung einer ausreichenden Standsicherheit eines bemannten Leuchtturmes bei allen widrigen Wetterverhältnissen, die Verbesserung des Unterbringungsstandards für die Leuchtturmwärter sowie die Schaffung der Räumlichkeiten für die umfangreiche Radartechnik ließen die Umbaukosten gewaltig in die Höhe schnellen.

Der Entwurf für den Ersatzbau des Leuchtturms Alte Weser wurde im Jahre 1958 aufgestellt und legte fest, den Leuchtturm Roter Sand als Tagessichtzeichen bestehen zu lassen und ihn als unbewachtes Feuer mit Leitsektor und 2 Quermarken zu verwenden. Irgendwelche Maßnahmen zur Erhaltung seiner Standsicherheit wurden nicht mehr geplant.

Dies ist auch der heutige Zustand des berühmten Turmes, sein Schicksal scheint somit unausweichlich zu sein.

Zügig sind die verschiedenen Seezeichenmaßnahmen im Mündungsbereich der Außenweser verwirklicht worden, die eine Rationalisierung großen Ausmaßes darstellen:

1961 – 1964
Bau des Leuchtturmes Alte Weser
1964
Abzug der Besatzung des Leuchtturmes Roter Sand
1965
Inbetriebnahme der Radarkette Außenweser
1966
Ersatz des Feuerschiffes „Bremen" durch den ersten vollautomatischen ferngesteuerten Turm Tegeler Plate als Beginn einer Leuchtturm-Ära ohne Leuchtturmbesatzung

Sanierungspläne

1973
Abzug der letzten Leuchtturmwärter in der Außenweser nach Installation einer zentralen Überwachung in der Revierzentrale Bremerhaven
1981
Ersatz des letzten bemannten Feuerschiffes „Norderney" in der Weser durch eine automatisch betriebene Großtonne mit hohem Laternenträger.
Damit hat eine Entwicklung, die mit dem Bau des Leuchtturmes Roter Sand anstelle eines personalintensiveren Feuerschiffes 1883/85 begann, etwa 100 Jahre später ein konsequentes, vorläufiges Ende gefunden.
Wie bei allen geschätzten alten Dingen, an denen die Entwicklung der Zeit vorbeigelaufen ist, stimmt das Geschehen nach Abzug der Leuchtturmwärter traurig:
Die Inneneinrichtung wurde für nur noch gelegentliche Handwerkeraufenthalte umgestaltet, die Wohnlichkeit des sehr engen Turmes war mit Abzug der Besatzung dahin,
die weitreichende elektrische Lampe wurde auf gasbetriebenes Nebenfeuer ohne Überwachung umgestellt, Stromerzeugungsaggregate wurden abgebaut,
der typisch rot-weiße Anstrich wurde im Jahre 1974 letztmalig erneuert.
Dieser Dornröschenschlummer wurde jäh unterbrochen, als durch Aktivitäten nimmermüder Freunde, Fachleute und Förderer dieses Seezeichens neue Rettungsversuche unternommen wurden, kurz vor Ultimo – wie sich herausstellte.
Denn neue Untersuchungen des Fundamentes im Jahre 1984 mit Tauchern, Unterwasserkamera, Greifbagger sowie aktuelle statische Berechnungen geben zu großer Sorge Anlaß:
Der schützende Stahlmantel ist bereits zu über 50 % der Gesamtfläche vollkommen abgerostet,
die darunter befindlichen Mauerklinker sind bereits lose und herausgewaschen,
die errechnete Standsicherheit wird gegenüber dem vorschriftsmäßigen Soll erheblich unterschritten, da der volle Fugenwasserdruck auf das ungeschützte Fundament wirken kann.
Alte und neue Ideen zur Verbesserung der Standfestigkeit und Sanierung des Turmsockels werden entwickelt. Dabei hat sich die aus Gründen des Denkmalschutzes richtige Vorgabe durchgesetzt, das Bauwerk an seinem jetzigen Standort unter Wiederherstellung des ausreichend standfesten Anfangszustandes zu sanieren. Im Unterschied zu den Planungen im Jahr 1956 ist eine Verbesserung des Bauwerkes und ein Umbau wegen Änderung der seezeichentechnischen Funktion nicht erforderlich.
Aus dem Wettbewerb der Ideen ergibt sich folgende Möglichkeit einer Sanierung des Fundamentes:
Herstellung einer neuen äußeren Betonschale für den Fundamentsockel zwischen Meeressohle und Niedrigwasserlinie auf einer Landbaustelle.
Überstülpen dieser Schale als Manschette um das schadhafte Fundament mit Hilfe von Schwimmkränen und Absetzen in einem vorbereiteten, etwa 2 m tiefen Graben der umgebenden Steinschüttung an der Meeressohle.
Hinterfüllen des Zwischenraumes zwischen neuer Schale und schadhaftem Fundament mit örtlich eingebrachtem Beton.
Anschütten des Grabens um die neue Schale mit Schüttsteinen unter Wasser.
Oberer kraftschlüssiger Kappenanschluß zwischen neuer Betonschale und aufgehendem Turmbauwerk.
Als guter Abschluß soll der Seezeichenveteran auch wieder im frischen rot-weißen Gewand erstrahlen, wenn die bereits angegriffene Außenhaut voll abgestrahlt und neu konserviert worden ist.
Um nur einige technische Probleme zu schildern, die das Unternehmen der Fundamentsanierung sicher nicht einfach gestalten:
Die Betonschale muß so bemessen sein, daß sie sämtliche Lasten aus Wind, Seegang und Eis aus dem oberen Turmteil in den unter dem Meeresboden befindlichen gesunden Fundamentteil wie eine Brücke überleitet.
Die Schale muß sehr genau an Land konstruiert sein, damit sie ohne Komplikationen und eng anliegend wie eine Strumpfhose über das schadhafte Fundament paßt. Hierbei muß das Bauwerk unter Wasser millimetergenau aufs sorgfältigste mit Taucherhilfe und modernen Meßinstrumenten vermessen werden.
Auch wenn man es heute gewöhnt ist, daß Kräne große Lasten genau absetzen können, so ist hier mit Schwimmkränen eine

Drei Seemeilen entfernt in Sichtweite – als Punkt am Horizont erkennbar – liegt der 1964 erbaute Leuchtturm „Alte Weser", fotografiert durch die Einstiegsluke des Leuchtturms Roter Sand.

Sanierungsplan für den Gründungskörper, aufgestellt vom Wasser- und Schiffahrtsamt Bremerhaven.

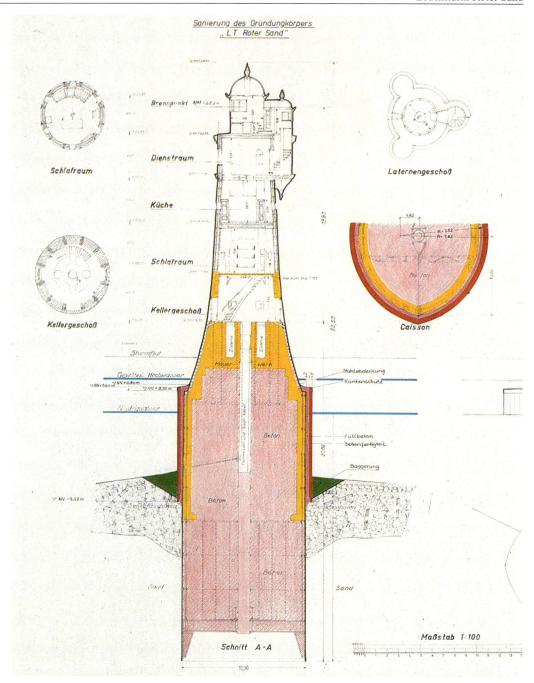

rund 120 to schwere Betonschale unter schwierigen Strömungs-, Tide- und Seeverhältnissen sehr genau über den Turm zu heben und ohne Verankerung am Bauwerk auf Grund abzusetzen.

Dies setzt eine lange Schönwetterperiode mit Binnenseeverhältnissen und hervorragend eingespielte Kranbesatzungen voraus.

Auch für die sofort anschließende Hinterfüllung der Schale mit Beton muß das ruhige Wetter anhalten, bis Schicht um Schicht der Beton das alte und neue Bauwerk innig verzahnt.

Es bleibt zu hoffen, daß die zur Zeit noch nicht gelösten Finanzierungsprobleme so überwunden werden können, daß mit der Sanierung im Jubiläumsjahr begonnen wird. Für die geschilderten technischen Probleme gehört im folgenden Sommer auch ein gehöriges Stück Wetterglück, auf das man an der Küste immer wieder ange-

Sanierungspläne

Heutiger Zustand des Sockels oberhalb und unterhalb der Wasserlinie. Die Unterwasserfotos, nahe am Meeresboden aufgenommen, zeigen, daß der Stahlmantel an einigen Stellen völlig abgerostet ist und das hinterfüllte Mauerwerk sichtbar wird.

wiesen ist. Sollten alle geschilderten Probleme mit weiterhin so viel Schwung gelöst werden können, so läßt sich für das Bauwerk eine noch lange Zukunft voraussagen.

Eine weitere Zukunft läßt sich bereits erahnen:

Der durch Peilvergleiche festgestellte, periodisch etwa alle 100 Jahre wiederkehrende Zustand der Mündungsarme zeigt in der jüngeren Zeit, daß die weitläufige Umgebung um den Leuchtturm Roter Sand immer tiefer wird. Die inzwischen wieder als einziges Hauptfahrwasser im Mündungsbereich bestimmte „Neue Weser" würde somit – wie damals beim Bau des Leuchtturmes – so nahe am Turm vorbeiführen, daß sein Licht wieder zum Hauptansteuerungsfeuer für die Weserhäfen gewidmet werden könnte. Dies wäre sicher die Krönung des trutzigen, so standhaften Baudenkmals in der Außenweser, das dann alle Entwicklungen überdauert hätte. *Jörn Lange*

Farbige Emaildose, vom Förderverein 1985 zum Leuchtturm-Jubiläum in einer Stückzahl von 100 Exemplaren herausgegeben.

Der Förderverein „Rettet den Leuchtturm Roter Sand e. V."

Als 1945 die Welt nach einem verheerenden Krieg wieder Atem schöpfte, fiel der einst weltberühmte Leuchtturm Roter Sand vor der Wesermündung im umfassenden Umbruch der Werte in den Schatten der Geschichte zurück.

Geschaffen als Pionierleistung im Glauben an die fast unbegrenzten Möglichkeiten des technischen Fortschritts im 19. Jahrhundert, gefeiert als Symbol deutscher Leistung und Seegeltung, war der Leuchtturm Roter Sand, seiner symbolischen Überhöhung entkleidet, nun wieder ein funktionales Wasserbauwerk unter vielen: Leuchtturm und Seezeichen, preisgegeben den Kräften der Natur und dem zeitbedingten Verfall.

In den Jahren 1953 – 1959 bringen mehrere Untersuchungen im Unterwasserbereich beträchtliche Schäden zutage. Ungeeignet für den weiteren Ausbau nach den technischen Erfordernissen der Zeit, wird er 1965 durch den modernen Leuchtturm Alte Weser ersetzt und damit als Seezeichen überflüssig. Sein Ende wird absehbar.

Die nüchternen Überlegungen der zuständigen Verwaltung sprechen von Abriß, der Verwendung des Oberteils an anderer Stelle und lassen Hoffnung auf eine Zerstörung durch Naturgewalten durchblicken. Der Turm wird zur Belastung, seine ruhmreiche Vergangenheit unbedeutend.

Erst 1978 regt sich Protest. Die Bremische Bürgerschaft (Landtag) setzt sich einstimmig für die Erhaltung des Turms ein. Ein Jahr später nimmt sich die Jahrestagung der Landesdenkmalpfleger in Bremen energisch und lautstark des fast vergessenen Wasserbauwerks an. Von zehn Millionen DM Sanierungskosten ist dort die Rede und von seinem unschätzbaren Wert als Denkmal maritimer Technik.

Mit dem ansteigenden öffentlichen Interesse ändern sich die Angaben der Kosten: bald werden 5-8 Millionen, bald 3-5 Millionen und endlich 1-2 Millionen benannt. In wirtschaftlich schwierigen Zeiten und bei steigenden Preisen geschehen offensichtlich noch Wunder.

Im September 1982 ergreift der Magistrat der Seestadt Bremerhaven die Initiative und gründet einen Rettungsfond zur Erhaltung des Leuchtturms Roter Sand. Kurze Zeit später stellt Niedersachsen den Turm unter Denkmalschutz. Damit sind günstige Voraussetzungen für die Gründung eines Fördervereins gegeben.

Der öffentliche Aufruf zur Gründungsversammlung am 13. Januar 1983 im Deutschen Schiffahrtsmuseum findet eine unerwartet große Resonanz. Einhelliges Urteil der Versammlung: Der Turm muß an Ort und Stelle auf seinem Standort in der Wesermündung erhalten bleiben. Eine Umsetzung des Oberteils an Land würde die unverantwortliche Zerstörung des Baudenkmals bedeuten.

Fast zur gleichen Zeit bilden sich Vereinsstützpunkte in Düsseldorf, Wilhelmshaven, Bremen und Hamburg. Sympathiebekundungen und Spenden aus dem In- und Ausland sowie ein weltweites Echo der Medien brachten den Turm erneut ins Gespräch.

Die erste Fahrt zum Leuchtturm Roter Sand am 27. August 1983 mit dem gecharterten MS „Viking" wird zu einem strahlenden Familienfest des inzwischen auf zweihundert Mitglieder angewachsenen jungen Vereins.

Als erster Erfolg ist im November 1983 die Entscheidung des Bundesministers für Verkehr zu werten, den Turm an seinem Standort zu erhalten und eine erneute Untersuchung der Stabilität im Unterwasserbereich anzuordnen. Der als gemeinnützig anerkannte Verein hat sich derweil zu einem kleinen Wirtschaftsunternehmen entwickelt. Auf zwölf Messen und Ausstellungen im gesamten Bundesgebiet stellt sich der „Rote Sand" mit seinem Informationsstand vor, verkauft Andenken, informiert und wirbt, sammelt Unterschriften und Spenden.

Im Mai 1984 feiert der Förderverein im und am Deutschen Schiffahrtsmuseum den 99. Geburtstag seines Turmes mit einem kleinen, fröhlichen Fest als Generalprobe für das Festjahr 1985, das mit einer Fülle von Veranstaltungen die ganze Kraft des Vereins beanspruchen wird.

Eine Welle ungeteilter Zustimmung, aktive Hilfen aus allen Bereichen des gesellschaftlichen Lebens und ein familiäres Zusammengehörigkeitgefühl der Mitglieder trugen die Arbeit des Vereins, dessen ganze Hoffnung auf das Jubiläumsjahr 1985 und die Entscheidung des Bundesministers gerichtet ist, im Einvernehmen mit dem Land Niedersachsen die dringend notwendige Sanierung in Angriff zu nehmen.

Die Sanierung des Leuchtturms Roter Sand ist auch ein Prüfstein für die Glaubwürdigkeit der Politik in der grundsätzlichen Bewertung der Erhaltung maritimer Baudenkmale.

Hier fehlt es einigen verantwortlichen Instanzen offensichtlich immer noch an Kenntnis der entsprechenden Bewertungskriterien.

In Zusammenarbeit mit allen Fördervereinen zur Erhaltung maritimer Baudenkmale sowie den zuständigen Behörden und Institutionen im europäischen Raum wird sich der Förderverein „Rettet den Leuchtturm Roter Sand e. V." um politische Lösungen bemühen, mit denen künftig die unverantwortliche Zerstörung historisch wertvoller maritimer Baudenkmale verhindert werden kann.

Der Leuchtturm Roter Sand zählt zu den wichtigsten Kulturdenkmalen Europas. Seine Erhaltung fordert allein die Achtung vor unserem kulturellen Erbe und unsere Verpflichtung gegenüber kommenden Generationen.   *Ulfert Kaltenstein*

Bierdeckel mit einer Werbung für den Förderverein, herausgegeben von der Brauerei Beck & Co, Bremen.

Der Herausgeber bittet, zusätzliches Material und ergänzende Hinweise an den
Förderverein
„Rettet den Leuchtturm Roter Sand",
Herrn Ulfert Kaltenstein
Bürgerm.-Smidt-Straße 20
2850 Bremerhaven
zu richten.

Die Autoren

Dr. Adolf E. Hofmeister, Archivrat am Staatsarchiv Bremen

Eberhard Michael Iba, Studienrat und Märchenforscher, Bremerhaven

Ulfert Kaltenstein, Vorsitzender des Fördervereins „Rettet den Leuchtturm Roter Sand" e. V., Bremerhaven

Jörn Lange, Bauoberrat, stellv. Amtsvorstand des Wasser- und Schiffahrtsamtes Bremerhaven

Dr. Boye Meyer-Friese, Leiter der Schiffahrtsabteilung des Altonaer Museums, Hamburg

Wolf Mueller-Reichau, Vorsitzender der internationalen Arbeitsgemeinschaft Numisnautik, Bremerhaven

Dr. Dirk J. Peters, Wissenschaftlicher Mitarbeiter am Deutschen Schiffahrtsmuseum, Bremerhaven

Gert Pohl, Bauamtsrat, Leiter der elektrotechn. Abteilung f. d. Seezeichenwesen des Wasser- und Schiffahrtsamtes Bremerhaven

Dr. Lars U. Scholl, Wissenschaftlicher Mitarbeiter am Deutschen Schiffahrtsmuseum, Bremerhaven

Wolfgang Sikorski, Vorsitzender der Dt. Motivsammlergemeinschaft, Landesgruppe Elbe-Weser-Ems

Dr. Siegfried Stölting, Wissenschaftlicher Mitarbeiter am Deutschen Schiffahrtsmuseum, Bremerhaven

Gerd Thielecke, Bauoberrat, Dezernent in der Wasser- und Schiffahrtsdirektion Nordwest, Aurich

Dr. Horst A. Wessel, Leiter des Archivs der Mannesmann AG, Düsseldorf

Außer den Autoren, die ihre Beiträge unentgeltlich lieferten, ist den folgenden Personen und Institutionen für Ihre Hilfe beim Zustandekommen dieses Buches zu danken:
Dem Fotografen Klaus Bossemeyer, Peter Elze und dem Worpsweder Verlag, der Hapag-Lloyd AG, Wasser- und Schiffahrtsamt Bremen, Wasser- und Schiffahrtsamt Bremerhaven, Staatsarchiv Bremen, Deutsches Schiffahrtsmuseum, Bremerhaven, insbesondere Frau Helga West, Herrn Egbert Laska und der Fotoabteilung.

Titelbild, 2-8
Bossemeyer
12
Aus: B. Brentjes u. a., Geschichte der Technik, Leipzig 1978
Aus: F. K. Zemke, Deutsche Leuchttürme einst und jetzt, Herford 1982
13
Deutsches Schiffahrtsmuseum
Staatsarchiv Bremen
14
Staatsarchiv Bremen
15
Deutsches Schiffahrtsmuseum
16
Aus: Von Bremen nach Bremerhaven, Helgoland und Norderney, Cuxhaven o. J. (Förderverein)
17
Deutsches Hydrographisches Institut, Hamburg
20, 21
Deutsches Schiffahrtsmuseum
22-29
Staatsarchiv Bremen
31
Aus: Bremen und seine Bauten, Bremen 1900
33, 34
Staatsarchiv Bremen
34/35
Wasser- und Schiffahrtsamt, Bremerhaven
36
Aus: Hans Kraemer, Weltall und Menschheit, Berlin o. J. (Privatbesitz)
37
Deutsches Schiffahrtsmuseum
38
Mannesmann-Archiv, Düsseldorf (auch die Schnittzeichnungen auf den folgenden Seiten aus dem englischen Original)
39
Wasser- und Schiffahrtsamt, Bremen
42
Staatsarchiv Bremen
45
Wasser- und Schiffahrtsamt, Bremerhaven
48
Förderverein
54
Staatsarchiv Bremen
54/55
Wasser- und Schiffahrtsamt, Bremerhaven
57
Deutsches Schiffahrtsmuseum
58-69
Staatsarchiv Bremen
70
Wasser- und Schiffahrtsamt, Bremerhaven
71
Deutsches Schiffahrtsmuseum
72
Aus: Niedersächsische Lebensbilder, Bd. 4, Hildesheim 1960
73
Aus: Fritz Brustat-Naval, Lichter über dem Meer, Wiesbaden 1969
75-77
Mannesmann-Archiv, Düsseldorf
78, 79
Wasser- und Schiffahrtsamt, Bremen
80
Wasser- und Schiffahrtsamt, Bremerhaven
81
Staatsarchiv Bremen
83
Aus: die räder, 12. 1931, Berlin (Institut für Weltwirtschaft, Kiel)
84
Wasser- und Schiffahrtsamt, Bremen
85
Privatbesitz
90
Privatbesitz
Wasser- und Schiffahrtsamt, Bremen
91
Privatbesitz
92
Wasser- und Schiffahrtsamt, Bremen
Deutsches Schiffahrtsmuseum
93
Foto: Bossemeyer
94
Wasser- und Schiffahrtsamt, Bremen
Aus: die räder, ... (S. 83)
Privatbesitz
95-103
Wasser- und Schiffahrtsamt, Bremerhaven
104
Wasser- und Schiffahrtsamt, Bremen
105-111
Wasser- und Schiffahrtsamt, Bremerhaven
112/113
Hapag-Lloyd AG
115
Aus: Bremen und seine Bauten, Bremen 1900
116
Förderverein
117
Worpsweder Verlag
118
Förderverein
119
Privatbesitz

Impressum

120
Aus: Vom Kanal bis nach der Weser,
o. O., o. J.
Hapag-Lloyd AG
121
Deutsches Schiffahrtsmuseum
Aus: Wolfgang Rudolph, Maritime Kultur
der südlichen Ostseeküste, Rostock 1983
122
Schlaraffia Waterkant
Staatsarchiv Bremen
123
Friedrich-Ebert-Stiftung, Bonn
124, 125
Hapag-Lloyd AG
126, 127
Privatbesitz
128
Hapag-Lloyd AG
Morgenstern-Museum, Bremerhaven
Privatbesitz
129
Foto: Bossemeyer
Privatbesitz
130
Aus: Die Pariser Weltausstellung,
Berlin 1900
131
Privatbesitz
132/133
Hapag-Lloyd AG
134-141
Privatbesitz
142/143
Foto: Bossemeyer
144-146
Wasser- und Schiffahrtsamt, Bremerhaven
147
Foto: Elze
148
Wasser- und Schiffahrtsamt
149
Foto: Bossemeyer
Wasser- und Schiffahrtsamt, Bremerhaven
150/151
Foto: Bossemeyer
152
C. & R. Harcken
153
Beck & Co
154/155, 156
Foto: Bossemeyer

Reproduktionen:
Egbert Laska, Deutsches Schiffahrtsmuseum, Staatsarchiv Bremen, Stadtbild-
stelle Bremerhaven, Worpsweder Verlag

Worpsweder Verlag 1985
ISBN 3-922516-44-0
© Förderverein „Rettet den
Leuchtturm Roter Sand" e. V.
Herausgeber:
Siegfried Stölting im Auftrag
des Fördervereins
Redaktion:
Siegfried Stölting und Peter Elze
Gestaltung:
Hartmut Brückner, Bremen
Fotosatz:
Lightline, Bremen
Druck:
Heinatz Offset, Bremen
Luftaufnahmen:
Klaus Bossemeyer,
freigegeben vom Luftamt Hamburg
Nr. 290-85